Luigi Pirandello

Henri IV

© 2023 Culturea Editions

Texte et illustration de couverture : © domaine public
Edition : Culturea (Hérault, 34)
Contact : infos@culturea.fr
Retrouvez notre catalogue sur http://culturea.fr
Imprimé en Allemagne par Books on Demand
Design typographique : Derek Murphy
Layout : Reedsy (https://reedsy.com/)

Dépôt légal : janvier 2023
Tous droits réservés pour tous pays

ISBN : 9791041910274

Table des matières

PERSONNAGES

« HENRI IV ».
LA MARQUISE MATHILDE SPINA.
SA FILLE FRIDA.
LE JEUNE MARQUIS CARLO DI NOLLI.
LE BARON TITO BELCREDI.
LE DOCTEUR DIONISIO GENONI.
LES QUATRE PSEUDO-CONSEILLERS SECRETS :
      1° ARIALD (Franco).
      2° LANDOLF (Lolo).
      3° ORDULF (Momo).
      4° BERTHOLD (Fino).
LE VIEUX VALET DE CHAMBRE GIOVANNI.
DEUX HOMMES D'ARMES EN COSTUME.

De nos jours, en Ombrie, dans une villa isolée.

Henri IV a été représenté par la Compagnie Pitoeff pour la première fois au théâtre de Monte Carlo le 3 janvier 1925, à Paris au théâtre des Arts le 23 février 1925 par M. Georges Pitoeff, Mme Mora Sylvère, Mme Ludmilla Pitoeff et MM. Peltier, Evseief, Jim Geralds, Hort, Penay, Ponty, Nauny, Mathis, Léonard.

ACTE PREMIER

Le salon d'une villa aménagé de façon à représenter ce que pouvait être la salle du trône du palais impérial de Goslar, au temps d'Henri IV. Mais, tranchant sur le mobilier ancien, deux tableaux modernes, deux portraits de grandeur naturelle, se détachent sur le mur du fond, placés à peu de hauteur du parquet, au-dessus d'un entablement de bois sculpté qui court le long du mur, large et saillant, de façon à ce qu'on puisse s'y asseoir comme sur une banquette. L'un de ces tableaux est à droite, l'autre à gauche du trône, qui interrompt l'entablement au milieu du mur, pour y insérer le siège impérial sous son baldaquin bas. Les deux tableaux représentent l'un, un homme, l'autre, une femme, jeunes, chacun revêtu d'un travesti de carnaval : l'homme est déguisé en Henri IV, la femme en Mathilde de Toscane. Portes à droite et à gauche.

Au lever du rideau, deux hommes d'armes, comme surpris en faute, bondissent de l'entablement où ils étaient étendus et vont s'immobiliser de part et d'autre du trône, avec leurs hallebardes. Peu après, par la seconde porte à droite entrent : Ariald, Landolf, Ordulf et Berthold, jeunes gens payés par le marquis Carlo di Molli pour jouer le rôle de « conseillers secrets », seigneurs appartenant à la petite noblesse et appelés à la cour de Henri IV. Ils revêtent le costume des chevaliers du XIe siècle. Le dernier, Berthold, de son vrai nom Fino, prend son service pour la première fois. Ses trois camarades lui donnent des détails tout en se moquant de lui. La scène sera jouée avec un grand brio.

LANDOLF, *à Berthold, poursuivant ses explications.* – Et maintenant, voilà la salle du trône !

ARIALD. – À Goslar !

ORDULF. – Ou, si tu préfères, au château du Hartz !

ARIALD. – Ou encore, à Worms.

LANDOLF. – C'est selon l'épisode que nous représentons… La salle se déplace avec nous.

ORDULF. – De Saxe en Lombardie.

ARIALD. – Et de Lombardie…

LANDOLF. – Sur le Rhin !

UN DES HOMMES D'ARMES, *sans bouger remuant seulement les lèvres.* – Psst ! Psst !

ARIALD, *se retournant à cet appel.* – Qu'est-ce qu'il y a ?

PREMIER HOMME D'ARMES, *toujours immobile comme une statue, à mi-voix.* – Il entre ou non ?

Il fait allusion à Henri IV.

ORDULF. – Non, non, il dort ; prenez vos aises.

DEUXIÈME HOMME D'ARMES, *quittant sa position en même temps que le premier et allant de nouveau s'étendre sur l'entablement.* – Eh, bon Dieu ! vous auriez pu le dire tout de suite !

PREMIER HOMME D'ARMES, *s'approchant d'Ariald.* – S'il vous plaît, vous n'auriez pas une allumette ?

LANDOLF. – Hé là ! pas de pipes ici !

PREMIER HOMME D'ARMES, *tandis qu'Ariald lui tend une allumette enflammée.* – Non, non, je vais fumer une cigarette...

Il allume et va s'étendre à son tour, en fumant, sur l'entablement.

BERTHOLD, *qui observe la scène d'un air stupéfait et perplexe, promène son regard autour de la salle, puis, examinant son costume et celui de ses camarades.* – Mais pardon... cette salle... ces costumes... de quel Henri IV s'agit-il ? Je ne m'y retrouve pas du tout... D'Henri IV de France ou d'un autre ?

À cette question, Landolf, Ariald et Ordulf éclatent d'un rire bruyant.

LANDOLF, *riant toujours et montrant du doigt Berthold à ses camarades, qui continuent à rire, comme pour les inviter à se moquer encore de lui.* – Henri IV de France !

ORDULF, *de même.* – Il croyait que c'était celui de France !

ARIALD. – C'est d'Henri IV d'Allemagne qu'il s'agit, mon cher... Dynastie des Saliens !

ORDULF. – Le grand empereur tragique !

LANDOLF. – L'homme de Canossa ! Nous menons ici, jour après jour, la plus impitoyable des guerres, entre l'État et l'Église, comprends-tu ?

ORDULF. – L'Empire contre la Papauté ! As-tu compris ?

ARIALD. – Les antipapes contre les papes !

LANDOLF. – Les rois contre les antirois !

ORDULF. – Et guerre au Saxon !

ARIALD. – Et guerre à tous les princes rebelles !

LANDOLF. – Guerre aux fils de l'Empereur eux-mêmes !

BERTHOLD, *sous cette avalanche, plongeant sa tête dans ses mains.* – J'ai compris ! J'ai compris ! Voilà pourquoi je ne m'y retrouvais plus du tout, quand vous m'avez donné ce costume et m'avez fait entrer dans cette salle ! Je me disais aussi : ce ne sont pourtant pas des costumes du XVIe siècle !

ARIALD. – Il n'y a pas plus de XVIe siècle que sur ma main !

ORDULF. – Nous sommes ici entre l'an 1000 et l'an 1100 !

LANDOLF. – Tu peux calculer toi-même : c'est aujourd'hui le 25 janvier 1071, nous sommes devant Canossa...

BERTHOLD, *de plus en plus affolé.* – Mais alors, bon Dieu ! je suis fichu !

ORDULF. – Ah ! ça... Si tu te croyais à la cour de France !

BERTHOLD. – Toute ma préparation historique...

LANDOLF. – Nous sommes, mon cher, plus âgés de quatre cents ans ! Tu nous fais l'effet d'un enfant au maillot !

BERTHOLD, *en colère.* – Mais, sapristi, on aurait pu me dire qu'il s'agissait d'Henri IV d'Allemagne et non pas d'Henri IV de France ! Dans les quinze jours qu'on m'a donnés pour ma préparation, j'ai peut-être lu cent bouquins !

ARIALD. – Mais pardon, ne savais-tu pas que ce pauvre Tito représentait ici Adalbert de Brême ?

BERTHOLD. – Qu'est-ce que tu me chantes avec ton Adalbert ? Je ne savais rien du tout !

LANDOLF. – Écoute : voici comment les choses se sont passées : après la mort de Tito, le petit marquis di Nolli...

BERTHOLD. – Précisément, c'est la faute du marquis ! C'était à lui de me prévenir !...

ARIALD. – Mais il te croyait sans doute au courant !...

LANDOLF. – Eh bien, voici : il ne voulait pas remplacer Tito. Nous restions trois, le marquis trouvait que c'était suffisant. Mais *Lui* a commencé à crier : « Adalbert a été chassé ! » Ce pauvre Tito, comprends-tu, il ne le croyait pas mort. Il s'imaginait que les évêques de Cologne et de Mayence, les rivaux de l'évêque Adalbert, l'avaient chassé de sa cour.

BERTHOLD, *se prenant la tête à deux mains.* – Mais je ne sais pas le premier mot de toute cette histoire, moi !

ORDULF. – Eh bien, alors, mon pauvre, te voilà frais !

ARIALD. – Le malheur, c'est que nous ne savons pas nous-mêmes qui tu es !

BERTHOLD. – Vous ne savez pas quel rôle je dois jouer ?

ORDULF. – Hum ! Le rôle de « Berthold ».

BERTHOLD. – Mais Berthold, qui est-ce ? Pourquoi Berthold ?

LANDOLF, – Est-ce qu'on sait ! *Il* s'est mis à crier : « Ils m'ont chassé Adalbert ! Alors qu'on m'amène Berthold ! Je veux Berthold ! »

ARIALD. – Nous nous sommes regardés tous les trois dans les yeux : qui diable était ce Berthold ?

ORDULF. – Voilà, mon cher, comment tu as été transformé en Berthold.

LANDOLF. – Tu vas jouer ce rôle à ravir !

BERTHOLD, *révolté et faisant mine de s'en aller.* – Oh ! mais je ne le jouerai pas ! Merci beaucoup ! Je m'en vais ! Je m'en vais !

ARIALD, *le retenant, aidé d'Ordulf, en riant.* – Allons, calme-toi, calme-toi !

ORDULF. – Tu ne seras pas le Berthold stupide de la fable.

LANDOLF. – Tranquillise-toi : nous ne savons pas plus que toi qui nous sommes. Voici Hérold, voilà Ordulf, moi, je suis Landolf... Il nous a donné ces noms... Nous en avons pris l'habitude, mais qui sommes-nous ? Ce sont des noms de l'époque... Berthold doit être aussi un nom de l'époque. Seul, le pauvre Tito jouait un rôle vraiment historique, celui de l'évêque de Brême. Et on aurait dit pour de bon un évêque ! Il était magnifique, ce pauvre Tito !

ARIALD. – Dame ! il avait pu étudier son rôle dans les livres, lui !

LANDOLF. – Il donnait des ordres à tout le monde, même à Sa Majesté : il tranchait de tout, il s'érigeait en mentor et en grand conseiller. Nous sommes aussi « des conseillers secrets », mais... c'est pour faire nombre. L'histoire dit qu'Henri IV était détesté par la haute aristocratie, parce qu'il s'était entouré de jeunes gens de la petite noblesse.

ORDULF. – La petite noblesse, c'est nous.

LANDOLF. – Oui, nous sommes les petits vassaux du roi : dévoués, un peu dissolus, boute-en-train surtout...

BERTHOLD. – Il faudra aussi que je sois boute-en-train ?

LANDOLF. – Mais oui, comme nous !

ORDULF. – Et je te préviens que ce n'est pas facile !

LANDOLF. – Mais quel dommage ! Tu vois, le cadre est parfait : nous pourrions, avec ces costumes, figurer dans un de ces drames historiques qui ont tant de succès aujourd'hui au théâtre. Et ce n'est pas la matière qui fait défaut. L'histoire d'Henri IV ne contient pas une tragédie, elle en contient dix... Nous quatre et ces deux malheureux-là *(il montre les deux hommes d'armes)* quand ils se tiennent immobiles au pied du trône, raides comme des piquets, nous sommes comme des personnages qui n'ont pas rencontré un auteur, comme des acteurs à qui on ne donne pas de pièce à représenter... Comment dire ? La forme existe, c'est le contenu qui manque ! Ah ! nous sommes beaucoup moins favorisés que les véritables conseillers d'Henri IV ; eux, personne ne leur donnait de rôle à jouer. Ils ignoraient même qu'ils avaient un rôle à jouer ! Ils le jouaient au naturel, sans le savoir... Pour eux, ce n'était pas un rôle, c'était la vie, *leur vie*. Ils faisaient leurs affaires aux dépens d'autrui : ils vendaient les investitures, touchaient des pots-de-vin, toute la lyre... Tandis que nous, nous voilà habillés comme ils l'étaient, dans cet admirable cadre impérial... Pour faire quoi ? Rien du tout... Nous sommes pareils à six marionnettes accrochées au mur, qui attendent un montreur qui se saisira d'elles, les mettra en mouvement et leur fera prononcer quelques phrases.

ARIALD. – Non, mon cher, pardon. Il nous faut répondre dans le ton ! S'il te parle et que tu ne sois pas prêt à lui répondre comme il veut, tu es perdu !

LANDOLF. – Oui, c'est vrai, c'est vrai !

BERTHOLD. – Précisément ! Comment pourrais-je lui répondre dans le ton, moi, qui me suis préparé pour un Henri IV de France et qui me trouve, à présent, en face d'un Henri IV d'Allemagne ?

Landolf, Ordulf et Ariald recommencent à rire.

ARIALD. – Eh ! il faut te préparer sans retard !

ORDULF. – Ne t'inquiète pas ! Nous allons t'aider.

ARIALD. – Si tu savais tous les livres que nous avons à notre disposition ! Tu n'auras qu'à en feuilleter quelques-uns.

ORDULF. – Mais oui, pour prendre une teinture...

ARIALD. – Regarde ! *(Il le fait tourner et lui montre, sur le mur du fond, le portrait de la marquise Mathilde.)* Voyons, celle-là, qui est-ce ?

BERTHOLD, *regardant.* – Qui c'est ? Mais avant tout, quelqu'un qui n'est guère dans le ton ! Deux tableaux modernes ici, au milieu de toutes ces antiquailles !

ARIALD. – Tu as parfaitement raison. Ils n'y étaient pas au début. Il y a deux niches derrière ces tableaux. On devait y placer deux statues, sculptées dans le style de l'époque ; mais les niches sont restées vides et on les a dissimulées sous les deux portraits que tu vois...

LANDOLF, *l'interrompant et continuant.* – ... qui détonneraient tout à fait si c'étaient véritablement des tableaux.

BERTHOLD. – Comment, ce ne sont pas des tableaux ?

LANDOLF. – Si, si, tu peux les toucher, ce sont des toiles peintes, mais, pour lui *(il montre mystérieusement sa droite faisant allusion à Henri IV)* qui ne les touche pas...

BERTHOLD. – Que sont-elles donc, pour lui ?

LANDOLF. – Simple interprétation de ma part... tu sais, mais, au fond, je la crois juste. Pour lui, eh bien ! ce sont des images, des images comme... voyons... comme un miroir peut les offrir. Comprends-tu ? Celle ci *(il montre le portrait d'Henri IV)* le représente lui-même vivant, tel qu'il est, dans cette salle du trône, qui se présente, de son côté, telle qu'elle le doit, conforme au style et aux mœurs de l'époque. De quoi t'étonnes-tu ? Si on te plaçait devant un miroir, ne t'y verrais-tu pas vivant et présent, bien que vêtu d'étoffes anciennes ? Eh bien, sur ce mur, c'est comme s'il y avait deux miroirs qui reflètent deux images vivantes d'un monde mort. Ce monde-là, en restant avec nous, tu le verras peu à peu reprendre vie lui aussi !

BERTHOLD. – Prenez garde que je ne veux pas devenir fou dans cette maison !

ARIALD. – Tu ne deviendras pas fou ! Tu t'amuseras !

BERTHOLD. – Mais, dites-moi, comment diable êtes-vous devenu tous les trois aussi savants ?

LANDOLF. – Eh, mon cher, on ne remonte pas de huit cents ans en arrière dans l'histoire sans rapporter avec soi une petite expérience !

ARIALD. – Sois tranquille, tu verras comme en peu de temps tu seras absorbé, toi aussi, par tout cela !

ORDULF. – Et comme nous, à cette école, tu deviendras savant à ton tour.

BERTHOLD. – Eh bien, aidez-moi sans tarder ! Donnez-moi tout de suite les renseignements essentiels !

ARIALD. – Fie-toi à nous... Un peu l'un, un peu l'autre !...

LANDOLF. – Nous t'attacherons toutes les ficelles qu'il faudra et nous ferons de toi la plus parfaite des marionnettes, sois tranquille ! Et maintenant, viens...

Il le prend par le bras et l'entraîne vers la sortie.

BERTHOLD, *s'arrêtant et examinant le portrait.* – Attendez ! Vous ne m'avez pas dit qui est cette femme. La femme de l'Empereur ?

ARIALD. – Non, la femme de l'Empereur, c'est Berthe de Suse, la sœur d'Amédée II de Savoie.

ORDULF. – Oui, et l'Empereur qui se pique de rester aussi jeune que nous, ne peut plus la souffrir ; il pense à la répudier.

LANDOLF. – La femme que tu vois sur ce tableau est son ennemie la plus féroce : c'est la marquise Mathilde de Toscane.

BERTHOLD. – Ah ! je sais ! Celle qui a donné l'hospitalité au pape...

LANDOLF. – Précisément, à Canossa !

ORDULF. – Au pape Grégoire VII

ARIALD. – Grégoire VII, notre bête noire ! Allons, viens !

Ils se dirigent tous les quatre vers la porte à droite, par où ils sont entrés, quand, par la porte à gauche, entre le vieux valet de chambre Giovanni, en frac.

GIOVANNI. – Eh ! psst ! Franco ! Lolo !

ARIALD, *s'arrêtant et se tournant vers lui.* – Qu'est-ce que c'est ?

BERTHOLD, *étonné à la vue du valet en frac.* – Comment ? Lui, ici ?

LANDOLF. – Un homme du XXe siècle ici ! Dehors !

Il court sur lui, le menaçant pour rire et, aidé d'Ariald et d'Ordulf, fait mine de le chasser.

ORDULF. – Émissaire de Grégoire VII, hors d'ici !

ARIALD. – Hors d'ici ! hors d'ici !

GIOVANNI, *agacé, se défendant.* – Laissez-moi tranquille !

ORDULF. – Non, tu n'as pas le droit de mettre les pieds dans cette salle !

ARIALD. – Hors d'ici ! hors d'ici !

LANDOLF, *à Berthold*. – C'est de la magie pure, tu sais ! C'est un démon évoqué par le Sorcier de Rome ! Vite, tire ton épée !

Il fait le geste de tirer l'épée, lui aussi.

GIOVANNI, *criant*. – Au nom du ciel ! cessez de faire les fous avec moi ! Monsieur le Marquis vient d'arriver. Il est en compagnie...

LANDOLF, *se frottant les mains*. – Ah, ah ! très bien ! Est-ce qu'il y a des dames ?

ORDULF, *de même*. – Des vieilles ? des jeunes ?

GIOVANNI. – Il y a deux messieurs.

ARIALD. – Mais les dames, les dames, qui sont-elles ?

GIOVANNI. – Madame la Marquise et sa fille.

LANDOLF, *étonné*. – Comment cela ?

ORDULF, *de même*. – Tu dis la marquise ?

GIOVANNI. – La marquise, la marquise, parfaitement.

ARIALD. – Et les messieurs ?

GIOVANNI. – Connais pas.

ARIALD, *à Berthold.* – Ils apportent le contenu qui manquait à notre forme !

ORDULF. – Ce sont tous des émissaires de Grégoire VII ! Nous allons rire !

GIOVANNI. – Allez-vous me laisser parler à la fin ?

ARIALD. – Parle ! Parle !

GIOVANNI. – Je crois qu'un de ces messieurs est un médecin !

LANDOLF. – Ah ! très bien ! Encore un nouveau médecin !

ARIALD. – Bravo, Berthold ! Tu nous portes chance !

LANDOLF. – Tu vas voir comment nous allons le recevoir, ce médecin !

BERTHOLD. – Mais je vais me trouver, dès mon arrivée, dans un sacré embarras !

GIOVANNI. – Écoutez-moi bien ! Ils veulent pénétrer dans cette salle.

LANDOLF, *stupéfait et consterné.* – Comment ! Elle, la marquise, ici ?

ARIALD. – En fait de contenu...

LANDOLF. – C'est une tragédie qui va sortir de là !

BERTHOLD, *plein de curiosité.* – Et pourquoi cela ? Pourquoi ?

ORDULF, *indiquant le portrait.* – Mais c'est que la marquise, c'est elle, comprends-tu ?

LANDOLF. – Sa fille est fiancée au petit marquis di Nolli !

ARIALD. – Mais que viennent-ils faire ici ? Peut-on le savoir ?

ORDULF. – S'il la voit, gare !

LANDOLF. – Va-t-il seulement la reconnaître ?

GIOVANNI. – S'il s'éveille, retenez-le dans son appartement.

ORDULF. – C'est facile à dire, mais comment ?

ARIALD. – Tu sais bien comment il est !

GIOVANNI. – Par la force, s'il le faut ! Voilà les ordres qu'on m'a donnés. Vous n'avez qu'à exécuter ! Allez, maintenant !

ARIALD. – Allons... Il est peut-être déjà réveillé !

ORDULF. – Allons ! allons !

LANDOLF, *suivant ses camarades, à Giovanni.* – Mais tu nous expliqueras tout à l'heure !

GIOVANNI, *criant.* – Fermez à double tour par là-bas, et cachez la clé. *(Indiquant l'autre porte à droite.)* L'autre porte aussi.

Landolf et Ordulf sortent par la seconde porte à droite.

GIOVANNI, *aux deux hommes d'armes.* – Allez-vous-en aussi ! Passez par là ! *(Il montre la première porte à droite.)* Refermez la porte et emportez la clé !

Les deux hommes d'armes sortent par la première porte à droite. Giovanni va vers la porte de gauche et introduit donna Mathilde Spina, sa fille, la marquise Frida, le docteur Dionisio Genoni, le baron Tito Belcredi, et le jeune marquis Carlo di Nolli qui, en sa qualité de maître de maison, entre le dernier. Donna Mathilde a environ quarante-cinq ans. Elle est encore belle, bien qu'elle répare d'une façon trop voyante les outrages du temps par un maquillage excessif, tout savant qu'il soit, qui lui donne une tête farouche de Walkyrie. Ce maquillage prend un relief en contraste profond avec la bouche admirablement belle et douloureuse. Veuve depuis de longues années, elle est devenue la maîtresse du baron Tito Belcredi, qu'en apparence personne, pas plus elle que les autres, n'a jamais pris au sérieux. Ce que Tito Belcredi est en réalité pour elle, lui seul le sait bien, et c'est pourquoi il peut rire si son amie éprouve le besoin de faire semblant de l'ignorer, rire aussi pour répondre aux rires que les plaisanteries de la marquise à ses dépens provoquent chez les autres. Mince, précocement gris, un peu plus jeune qu'elle, il a une curieuse tête d'oiseau. Il serait plein de vivacité si sa souple agilité (qui fait de lui un escrimeur très redouté), ne semblait enfermée dans le fourreau d'une paresse somnolente d'Arabe qu'exprime sa voix un peu nasale et traînante. Frida, la fille de la marquise, a dix-neuf ans. Grandie tristement dans l'ombre où sa mère, impérieuse et trop voyante, l'a tenue, elle est en outre blessée par la médisance facile que provoque sa mère et qui, désormais, nuit surtout à elle. Par bonheur, elle est déjà fiancée au marquis Carlo di Nolli, jeune homme sérieux, très indulgent pour les autres, mais réservé et désireux d'égards ; il est pénétré du peu qu'il croit être et de sa valeur dans le monde ; bien que, peut-être, il ne sache pas bien lui-même au fond ce qu'il vaut. D'autre part, il est accablé par le sentiment de toutes les responsabilités qu'il s'imagine peser sur lui : ah ! les autres sont bien heureux, ils peuvent rire et s'amuser, tandis que lui ne le peut pas ; il le voudrait bien, mais il a le sentiment qu'il n'en a pas le droit. Il est en grand deuil de sa mère. Le docteur Dionisio Genoni a un large faciès impudique et rubicond de satyre ; des yeux saillants, une barbiche en pointe, brillante comme de l'argent, de belles façons. Il est presque chauve. Tous entrent avec componction, presque avec crainte ; ils examinent la salle avec curiosité, sauf di Molli qui la connaît déjà. Les premières répliques s'échangent à voix basse.

Di Nolli, *à Giovanni.* – Tu as bien donné les ordres ?

GIOVANNI. – Monsieur le Marquis peut être tranquille.

Il s'incline et sort.

BELCREDI. – Ah ! c'est magnifique ! c'est magnifique !

LE DOCTEUR. – C'est remarquablement intéressant ! Le délire est systématisé à la perfection, jusque dans le cadre ! C'est vraiment magnifique !

DONNA MATHILDE, *qui a cherché des yeux son portrait, le découvrant et s'en approchant.* – Ah ! le voilà ! *(Elle se place à bonne distance pour le regarder, agitée par des sentiments divers.)* Oui ! Oui !... Oh ! regardez... Mon Dieu !... *(Elle appelle sa fille.)* Frida, Frida !... Regarde !...

FRIDA. – C'est ton portrait !...

DONNA MATHILDE. – Mais non !... Regarde bien... ce n'est pas moi, c'est toi qui es là !...

DI NOLLI. – N'est-ce pas ? Je vous l'avais dit !...

DONNA MATHILDE. – Je n'aurais jamais cru que ce fut à ce point... *(S'agitant comme si un frisson lui parcourait le dos.)* Mon Dieu ! quelle impression ! *(Puis regardant sa fille.)* Mais comment, Frida ? *(Elle lui entoure la taille de son bras.)* Viens un peu. Tu ne te vois pas en moi, dans ce portrait ?

FRIDA. – À dire vrai... heu...

DONNA MATHILDE. – Tu ne trouves pas ?... Est-il possible ?... *(Se tournant vers Belcredi.)* Regardez, Tito, et dites-le, dites-le vous-même !

BELCREDI, *sans regarder.* – Non, moi, je ne regarde pas ! Pour moi, *a priori,* c'est non !

DONNA MATHILDE. – Quel imbécile ! Il croit me faire un compliment ! *(Se tournant vers le docteur.)* Et vous, docteur, qu'est-ce que vous en pensez ?

Le docteur s'approche.

BELCREDI, *tournant le dos et feignant de le rappeler.* – Psst ! Non, docteur ! Je vous en prie ! ne répondez pas !

LE DOCTEUR, *étonné et souriant.* – Mais pourquoi ?

DONNA MATHILDE. – Ne l'écoutez pas ! Approchez !... Il est insupportable !

FRIDA. – Il fait l'imbécile par vocation ! Vous le savez bien.

BELCREDI, *au docteur, en le voyant s'approcher.* – Regardez vos pieds, docteur ! Regardez vos pieds ! Vos pieds !

LE DOCTEUR. – Mes pieds ? Pourquoi donc ?

BELCREDI. – Vous avez des souliers ferrés.

LE DOCTEUR. – Moi ?

BELCREDI. – Oui, monsieur, et vous allez écraser quatre pieds de cristal.

LE DOCTEUR, *riant fort.* – Mais non !... Y a-t-il vraiment lieu de faire tant d'histoires parce qu'une fille ressemble à sa mère...

BELCREDI. – Patatras ! la gaffe est faite !

DONNA MATHILDE, *exagérément en colère, marchant sur Belcredi.* – Pourquoi patatras ? Qu'est-ce qu'il y a ? Qu'a dit le docteur ?

LE DOCTEUR, *avec candeur.* – N'ai-je pas raison ?

BELCREDI, *regardant la marquise.* – Il dit qu'il n'y a pas lieu de s'étonner de cette ressemblance... Pourquoi donc marquez-vous tant de stupeur, je vous le demande, si la chose vous semble toute naturelle ?

DONNA MATHILDE, *encore plus en colère.* – Idiot ! Idiot ! Précisément, ce serait tout naturel, si c'était le portrait de ma fille. *(Elle montre le tableau.)* Mais ce portrait, c'est le mien, et y retrouver ma fille, au lieu de m'y retrouver, moi, voilà ce qui a provoqué ma stupeur. Et, je vous prie de la croire sincère... Je vous défends de la mettre en doute !

Après cette violente sortie, un moment de silence embarrassé.

FRIDA, *à voix basse, avec ennui.* – C'est toujours la même chose ! Pour un rien, une discussion !...

BELCREDI, *à voix basse également, comme pour s'excuser.* – Mais je n'ai rien mis en doute... J'ai seulement remarqué que, dès le début, tu ne partageais par la stupeur de ta mère. Si tu t'es étonnée de quelque chose, c'est que ta ressemblance entre toi et ce portrait parût si frappante à ta mère.

DONNA MATHILDE. – Naturellement ! Elle ne peut pas se reconnaître en moi telle que j'étais à son âge ; tandis que moi, je peux, dans ce portrait, me reconnaître en elle telle qu'elle est en ce moment.

LE DOCTEUR. – C'est parfaitement juste ! Un portrait fixe pour toujours une minute. Cette minute lointaine ne rappelle rien à mademoiselle, tandis qu'elle peut rappeler à madame la Marquise des gestes, des attitudes, des regards, des sourires, mille choses, enfin, qui ne sont pas peintes sur la toile.

DONNA MATHILDE. – Voilà, c'est exactement cela !

LE DOCTEUR, *poursuivant, tourné vers elle.* – Et que tout naturellement vous retrouvez aujourd'hui vivantes dans votre fille !

DONNA MATHILDE. – Il faut qu'il gâte le moindre de mes abandons à un sentiment spontané, par simple besoin de m'irriter.

LE DOCTEUR, *aveuglé par les lumières qu'il vient de répandre, reprend sur un ton professoral, en s'adressant à Belcredi.* – La ressemblance, mon cher Baron, est souvent une question « d'impondérables »... « d'impondérables », et c'est ainsi qu'on peut expliquer que...

BELCREDI, *pour interrompre la leçon.* – Quelqu'un pourrait trouver, mon cher docteur, une ressemblance entre vous et moi !

Di NOLLI. – Je vous en prie, parlons d'autre chose ! *(Il montre les deux portes à droite, pour indiquer qu'on peut être entendu.)* Nous avons déjà perdu trop de temps en route...

FRIDA. – Naturellement. *(Montrant Belcredi.)* Quand il est là...

DONNA MATHILDE, *l'interrompant.* – C'est pourquoi je ne voulais pas qu'il vînt !

BELCREDI. – Quelle ingratitude ! Pendant le voyage vous avez fait rire tout le monde à mes dépens !

Di Nolli. – Je t'en prie, Tito ! Laissons cela. Le docteur est ici. Ne perdons pas de temps. Tu sais combien cette consultation me tient à cœur.

LE DOCTEUR. – Voyons un peu... Essayons tout d'abord de bien préciser quelques points. Je vous demande pardon, madame la Marquise : comment votre portrait se trouve-t-il ici ? Vous lui en aviez fait cadeau à l'époque de l'accident ?

DONNA MATHILDE. – Pas du tout. À quel titre aurais-je pu lui en faire cadeau ? J'avais l'âge de Frida, je n'étais même pas encore fiancée. J'ai cédé ce portrait sur les vives instances de sa mère *(elle montre di Nolli),* trois ou quatre ans après l'accident ?

LE DOCTEUR. – La mère de monsieur était sa sœur ?

Il montre la porte à droite, faisant allusion à Henri IV.

Di NOLLI. – Oui, docteur, et notre visite d'aujourd'hui est une dette sacrée envers ma mère, que j'ai perdue il y a un mois. Au lieu d'être ici, elle *(il montre Frida)* et moi, nous devrions être en voyage de noces...

LE DOCTEUR. – Et occupés à bien d'autres soins, j'entends bien !

Di NOLLI. – Ma mère est morte avec l'idée que la guérison de son frère adoré était prochaine.

LE DOCTEUR. – Et vous ne pouvez pas me dire sur quels symptômes elle se fondait ?

Di NOLLI. – Peu de temps avant la mort de ma mère, il lui avait tenu, paraît-il, un étrange discours.

LE DOCTEUR. – Un discours ? Eh mais !... il serait extrêmement utile, extrêmement, de le connaître !

Di NOLLI. – Ce qu'il lui a dit, je l'ignore. Je sais que ma mère revint terriblement angoissée de cette dernière visite. Il semble qu'il lui ait témoigné une tendresse inaccoutumée. Comme s'il avait pressenti la fin prochaine de sa sœur. Sur son lit de mort, elle m'a fait promettre de ne jamais l'abandonner, de le faire examiner par d'autres médecins...

LE DOCTEUR. – Bon, très bien. Nous allons voir. Tout d'abord... vous le savez, souvent les plus petites causes... Ce portrait...

DONNA MATHILDE. – Ah ! je ne crois pas, docteur, qu'il faille lui accorder une importance excessive. Si j'ai été troublée en l'apercevant, c'est que je ne l'avais pas revu depuis de longues années.

LE DOCTEUR. – Je vous en prie... je vous en prie... de la méthode...

Di NOLLI. – Le portrait est là depuis une quinzaine d'années...

DONNA MATHILDE. – Davantage ! Plus de dix-huit ans !

LE DOCTEUR. – Voudriez-vous me faire la grâce de m'écouter ! Vous ne savez pas encore ce que je veux vous demander ! Je compte beaucoup, mais beaucoup, sur ces deux portraits, qui ont été exécutés, naturellement, avant cette fameuse et malheureuse cavalcade ?

DONNA MATHILDE. – Naturellement !

LE DOCTEUR. – À un moment, par conséquent, où il avait toute sa raison... J'en viens à ma question... Est-ce lui qui vous avait proposé de faire exécuter ces portraits ?

DONNA MATHILDE. – Mais, pas du tout, docteur ! La plupart de ceux qui prenaient part à la cavalcade se firent portraiturer pour en conserver un souvenir.

BELCREDI. – Je me suis fait peindre, moi aussi, en « Charles d'Anjou ».

DONNA MATHILDE. – Dès que les costumes furent prêts.

BELCREDI. – Voilà. On se proposait de rassembler toutes ces toiles en souvenir, comme dans un musée, dans le salon de la villa où devait avoir lieu le bal masqué après la cavalcade, mais ensuite, chacun préféra conserver son portrait.

DONNA MATHILDE. – Et le mien, je vous l'ai déjà dit, je l'ai cédé plus tard, sans regret d'ailleurs, sur les instances de sa mère.

Elle montre de nouveau di Nolli.

LE DOCTEUR. – Vous ne savez pas si c'est lui qui l'a réclamé ?

DONNA MATHILDE. – Je l'ignore... Peut-être... C'est peut-être aussi sa sœur, pour seconder affectueusement...

LE DOCTEUR. – Autre chose, autre chose ! L'idée de la cavalcade était-elle de lui ?

BELCREDI, *lui coupant la parole.* – Non, non ! elle était de moi, elle était de moi !

LE DOCTEUR. – Je vous en prie...

DONNA MATHILDE. – Ne l'écoutez pas, c'est ce pauvre Belassi qui en avait eu l'idée.

BELCREDI. – Belassi, pas du tout !

DONNA MATHILDE, *au docteur.* – Le comte Belassi qui mourut deux ou trois mois plus tard...

BELCREDI. – Belassi n'était pas là quand...

DI NOLLI, *ennuyé par la menace d'une nouvelle discussion.*

– Pardon, docteur, est-il vraiment nécessaire d'établir qui eut l'idée première de la cavalcade ?

LE DOCTEUR. – Eh oui ! cela pourrait m'être utile...

BELCREDI. – L'idée était de moi ! Pourquoi me la disputer ? Je n'ai pas tant à m'en glorifier, étant donné les suites qu'elle a eues ! C'était, docteur, je me le rappelle très bien, au cercle, un soir, début novembre. Je feuilletais une revue illustrée allemande. (Je regardais simplement les images, bien entendu, – je ne sais pas l'allemand.) Une de ces gravures représentait l'Empereur, dans je ne sais quelle ville universitaire, où il avait été étudiant.

LE DOCTEUR. – Bonn, sans doute.

BELCREDI. – Bonn, c'est possible. Il était à cheval, revêtu d'un de ces étranges costumes des vieilles associations goliardiques d'Allemagne. Un cortège d'étudiants nobles le suivait à cheval aussi et en costumes. Cette gravure me donna l'idée de la cavalcade. Il faut que vous sachiez qu'au cercle, nous songions à organiser une grande fête travestie pour le carnaval. Je proposai cette cavalcade historique : historique si l'on veut : « babélique », plutôt. Chacun de nous devait choisir un personnage à représenter, pris dans un siècle ou dans un autre : un roi, un empereur ou un prince, avec sa dame à côté de lui, reine ou impératrice, à cheval. Les chevaux caparaçonnés, bien entendu, à la mode de l'époque. La proposition fut acceptée.

DONNA MATHILDE. – Moi, c'est Belassi qui m'avait invitée.

BELCREDI. – S'il vous a dit que l'idée était de lui, il se l'est indûment appropriée. Il n'était même pas au cercle, je vous le répète, le soir où je fis ma proposition. Lui *(il fait allusion à Henri IV)* n'y était pas davantage, du reste !

LE DOCTEUR. – Et il fixa son choix sur le personnage d'Henri IV ?

DONNA MATHILDE. – Oui, parce qu'à cause de mon nom, et sans beaucoup réfléchir, j'avais déclaré que je me déguiserais en marquise Mathilde de Toscane.

LE DOCTEUR. – Je vous avoue que je ne vois pas bien le rapport...

DONNA Mathilde. – Je ne le voyais pas non plus, tout d'abord, mais à mes questions, il répondit qu'il serait alors à mes pieds comme Henri IV à Canossa. Je connaissais bien l'affaire de Canossa, mais j'en ignorais les détails, et j'éprouvai une curieuse impression, en relisant mon histoire pour préparer mon rôle, à me trouver l'amie fidèle et zélée du pape Grégoire VII, en lutte féroce contre l'Empire. Mais je compris aussi pourquoi, mon choix s'étant fixé sur Mathilde, implacable ennemie de l'Empereur, il avait voulu figurer à mes côtés dans cette cavalcade, sous le costume d'Henri IV.

LE DOCTEUR. – Ah ! C'est que sans doute... ?

BELCREDI. – Vous avez deviné, docteur... Il lui faisait, à cette époque, une cour acharnée, et elle, naturellement...

DONNA MATHILDE, *piquée, avec feu.* – Naturellement ! Oui, naturellement ! et surtout à cette époque : « naturellement » !

BELCREDI, *la désignant.* – Elle ne pouvait pas le souffrir !

DONNA MATHILDE. – C'est faux ! Il ne m'était pas antipathique ! Au contraire ! Mais, pour moi, il a toujours suffi que quelqu'un veuille se faire prendre au sérieux...

BELCREDI, *continuant la phrase.* – Pour que vous tiriez de là aussitôt une preuve éclatante de sa stupidité !

DONNA MATHILDE. — Non, mon cher ! Du moins pas cette fois-là. Vous êtes stupide, lui ne l'était pas...

BELCREDI. — Du moins je n'ai jamais essayé de me faire prendre au sérieux !

DONNA MATHILDE. — Je le sais bien ! Mais avec lui, il n'y avait pas à plaisanter. *(Sur un autre ton, se tournant vers le docteur.)* Il arrive aux femmes, mon cher docteur, entre mille disgrâces, de rencontrer parfois un regard chargé de la promesse contenue, intense d'un sentiment éternel ! *(Elle éclate d'un rire aigu.)* Rien de plus drôle ! Ah ! si les hommes se voyaient avec ce « sentiment éternel » dans le regard... Je n'ai jamais pu m'empêcher d'en rire ! et surtout à cette époque-là !... Mais je dois l'avouer : je le peux bien aujourd'hui, après vingt ans et plus... Je me mis à rire de lui comme des autres, mais ce fut surtout parce que j'en avais peur. On aurait pu avoir confiance dans une promesse de ces yeux-là. Mais ç'aurait été terriblement dangereux.

LE DOCTEUR, *avec un vif intérêt, concentrant son attention.* — Ah ! voilà ! voilà une chose que j'aimerais beaucoup savoir ! Très dangereux, pourquoi ?

DONNA MATHILDE, *avec légèreté.* — Précisément parce qu'il n'était pas comme les autres ! et étant donné que je suis, moi aussi... je suis... je peux le dire..., je suis un peu..., et même plus qu'un peu... Je suis *(elle cherche une parole modeste)*, oui, tout à fait incapable de supporter... voilà, incapable de supporter tout ce qui est compassé, pesant, artificiel ! Mais j'étais si jeune alors, vous comprenez ? Jeune fille, je rongeais mon frein, mais pour répondre à cet amour-là, il m'aurait fallu un courage que je ne me sentais pas. Et alors j'ai ri de lui comme des autres. J'en avais du remords. J'enrageai contre moi, plus tard, en me rendant compte que mon rire ne faisait qu'un avec celui de tout le monde, de tous les imbéciles qui se moquaient de lui.

BELCREDI. – Oui, à peu près comme on se moque de moi.

DONNA MATHILDE. – Vous, vous faites rire à cause de votre manie de toujours vous ravaler ! Tandis que lui, c'était tout le contraire ! Vous, d'abord, on vous rit au nez !

BELCREDI. – Mieux vaut qu'on vous rie au nez que dans le dos.

LE DOCTEUR. – Voulez-vous que nous revenions à nos moutons ! Il était donc, à ce que je crois comprendre, déjà un peu exalté ?

BELCREDI. – Oui, mais d'une façon si particulière, docteur !

LE DOCTEUR. – Expliquez-vous !

BELCREDI. – Voilà, il était exalté... mais à froid...

DONNA MATHILDE. – Mais non, pas à froid ! Il était un peu étrange, certainement, mais parce qu'il débordait de vitalité ; c'était... un poète !

BELCREDI. – Je ne prétends pas qu'il simulait, l'exaltation. Non, tout au contraire ; souvent, il s'exaltait véritablement. Mais je peux vous assurer, docteur, qu'instantanément il se voyait lui-même, en proie à son exaltation, il en prenait conscience et il se mettait à contempler cette exaltation comme un spectacle. Cela devait lui arriver jusque dans ses mouvements les plus spontanés. Je suis certain qu'il en souffrait : il entrait parfois contre lui-même dans des rages du plus haut comique !

LE DOCTEUR. – Ah ! vraiment !

DONNA MATHILDE. – Oui, c'est exact !

BELCREDI, *au docteur Genoni*. – Il en souffrait, parce que ce dédoublement, cette lucidité immédiate l'exilait de ses sentiments les plus profonds, les lui rendait étrangers... Ses sentiments lui paraissaient aussitôt – non pas faux puisqu'ils étaient sincères – mais des choses, auxquelles il fallait donner sans retard une valeur... comment dire ? la valeur d'un acte intellectuel, pour remplacer la chaleur de sincérité qu'il sentait se retirer de lui. Et alors il improvisait, il exagérait, il s'exaltait pour s'étourdir et *ne plus se voir*... C'est ce qui le faisait paraître inconstant, léger et, disons le mot, parfois même ridicule.

LE DOCTEUR. – Dites-moi un peu... était-il insociable ?

BELCREDI. – Mais pas le moins du monde ! Il adorait mettre en scène des tableaux vivants, organiser des ballets, des représentations de bienfaisance... Il se qualifiait d'amateur en riant, mais c'était un acteur tout à fait remarquable !

Di NOLLI. – Sa folie a fait de lui un acteur magnifique et terrible !...

BELCREDI. – Et dès le premier instant... Figurez-vous qu'aussitôt après son accident, après sa chute de cheval...

LE DOCTEUR. – Il était tombé sur la nuque, n'est-ce pas ?

DONNA MATHILDE. – Quelle horreur ! Il était à côté de moi ! Je le vis étendu entre les pattes du cheval, qui s'était brusquement cabré...

BELCREDI. – Tout d'abord, nous n'imaginions pas qu'il se fût fait grand mal. La cavalcade s'arrêta. Il y eut un peu de désordre, on voulait savoir ce qui était arrivé ; mais déjà on l'avait relevé et transporté dans la villa.

DONNA MATHILDE. – Il n'avait rien, vous savez, pas la moindre blessure ! pas une goutte de sang !

BELCREDI. – On le croyait simplement évanoui...

DONNA MATHILDE. – Et quand deux heures après...

BELCREDI. – Oui, quand il reparut dans le salon de la villa – c'est à cela que je faisais allusion...

DONNA MATHILDE. – Si vous aviez vu son visage ! J'en fus tout de suite frappée !

BELCREDI. – Mais non, ne dites pas ça ! Personne ne s'aperçut de rien. Comprenez-vous, docteur ?

DONNA MATHILDE. – Naturellement ! Vous étiez tous comme des fous !

BELCREDI. – Chacun jouait son rôle, c'était une vraie tour de Babel !

DONNA MATHILDE. – Imaginez, docteur, l'épouvante quand on comprit qu'il jouait son rôle sérieusement ?

LE DOCTEUR. – Comment, il était là aussi ?

BELCREDI. – Mais oui ! Il nous avait rejoints. Nous imaginions qu'il était déjà rétabli et qu'il jouait son rôle, lui aussi, comme nous tous... mieux que nous... parce que, je vous l'ai dit, c'était un acteur de premier ordre ! En somme nous imaginions qu'il plaisantait comme nous !

DONNA MATHILDE. – On commença à se moquer de lui.

BELCREDI. – Et alors... il était armé (comme un roi devait l'être). Il dégaina et se précipita sur deux ou trois des invités. Ce fut un moment de terreur !

DONNA MATHILDE. – Je n'oublierai jamais cette scène ! Ces visages grimés, fardés, décomposés en présence soudain de ce masque terrible qui n'était plus un masque, qui était la Folie !

BELCREDI. – Oui, c'était Henri IV, Henri IV en personne, dans une crise de fureur !

DONNA MATHILDE. – Cette mascarade, l'obsession de cette mascarade, dut avoir une influence sur lui. Depuis plus d'un mois, il ne pensait qu'à ça. Il était toujours obsédé par tout ce qu'il faisait !

BELCREDI. – Vous n'imaginez pas les études qu'il avait faites pour préparer son personnage ! Il était descendu jusqu'aux plus infimes détails !...

LE DOCTEUR. – Rien de plus facile à comprendre ! Ce qui était une obsession momentanée devint idée fixe. La chute, le choc contre la nuque ayant troublé le cerveau, l'obsession s'est fixée, perpétuée... Deux cas peuvent se présenter : devenir idiot, ou devenir fou...

BELCREDI, *à Frida et à Di Nolli.* – Vous voyez ça d'ici, hein ! les enfants ! *(À Di Nolli.)* Toi, tu avais quatre ou cinq ans. *(À Frida.)* Ta mère dit que tu as pris sa place dans ce portrait, mais quand elle posait pour lui elle ne pensait même pas à te mettre au monde. Moi, j'ai les cheveux gris à présent, mais lui, regardez *(il montre le portrait)* – pan ! un coup sur la nuque, et il n'a plus bougé... – Henri IV.

LE DOCTEUR, *plongé dans ses réflexions, levant les mains à hauteur de son visage comme pour réclamer l'attention de ses auditeurs ; il se prépare à donner une explication scientifique.* – Eh bien, mesdames et messieurs, voici exactement...

La première porte à droite, – la plus proche de la rampe, – s'ouvre tout à coup et Berthold entre en scène, le visage décomposé.

BERTHOLD, *sur le ton de quelqu'un qui ne peut plus se contenir.* – Pardon ! Pardon ! Excusez-moi !...

Il s'arrête en voyant l'embarras que son apparition a suscité dans le groupe.

FRIDA, *avec un cri d'épouvante, cherchant à se cacher.* – Ah ! mon Dieu ! le voilà !

DONNA MATHILDE, *reculant, épouvantée, un bras levé, pour ne pas le voir.* – C'est lui ! C'est lui !

Di NOLLI. – Mais non ! Mais non ! Du calme !

LE DOCTEUR, *étonné.* – Mais qui est-ce, alors ?

BELCREDI. – C'est quelque survivant de notre mascarade !

Di NOLLI. – C'est un des quatre jeunes gens que nous avons ici pour servir sa folie.

BERTHOLD. – Je vous demande pardon, monsieur le Marquis...

Di NOLLI. – Il n'y a pas de pardon ! J'avais donné ordre de fermer les portes à clé, et personne ne devait entrer ici !

BERTHOLD. – Oui, monsieur ! Mais je n'y tiens plus et je vous demande la permission de m'en aller !

Di NOLLI. – Ah ! vous êtes le nouveau... Vous êtes entré en service ce matin ?

BERTHOLD. – Oui, monsieur, et je n'y tiens déjà plus !...

DONNA MATHILDE, *consternée, à Di Nolli.* – Mais, il n'est donc pas aussi tranquille que vous nous le disiez ?

BERTHOLD. – Non, non, madame ! Il ne s'agit pas de lui, ce sont mes trois camarades ! Vous parliez de servir cette folie, monsieur le Marquis ? Il s'agit bien de ça : ce sont eux trois les véritables fous ! Moi qui entre ici pour la première fois, monsieur le Marquis, au lieu de m'aider...

Landolf et Ariald entrent par la même porte, à droite, en hâte, avec anxiété, mais s'arrêtent sur le seuil sans oser s'avancer.

LANDOLF. – Oh !... pardon...

ARIALD. – Monsieur le Marquis...

Di NOLLI. – Allons, entrez ! Mais qu'y a-t-il enfin ? Que faites-vous ?

FRIDA. – Ah ! mon Dieu ! Je me sauve, je me sauve ! J'ai trop peur !

Elle se dirige vers la porte à gauche.

Di NOLLI, *la retenant.* – Mais non, Frida !

LANDOLF. – Monsieur le Marquis, c'est cet imbécile...

Il montre Berthold.

BERTHOLD, *protestant.* – Ah ! non, merci ! Je ne continuerai pas à me prêter à ce jeu-là ! Je m'en vais ! Je m'en vais !

LANDOLF. – Comment, tu t'en vas ?

ARIALD. – Il a tout gâté, monsieur le Marquis, en se sauvant par ici !

LANDOLF. – Oui, *Il* est entré en fureur ! Nous ne pouvons plus le retenir dans sa chambre ! Il a donné l'ordre qu'on l'arrête et il veut, sans retard, « le juger » dans la salle du trône ! Que faut-il que nous fassions ?

Di NOLLI. – Mais fermez ! Fermez donc ! Allez fermer cette porte !

Landolf va fermer la porte.

ARIALD. – Ordulf tout seul ne va pas pouvoir le retenir...

LANDOLF. – Monsieur le Marquis, si l'on pouvait tout de suite lui annoncer votre visite pour détourner le cours de ses idées ?... Ces messieurs et dames ont peut-être déjà décidé sous quels habits ils se présenteraient à lui...

Di NOLLI. – Nous avons pensé à tout. *(Au docteur.)* Docteur, croyez-vous pouvoir le visiter tout de suite ?

FRIDA. – Pas moi, pas moi, Carlo ! Je me retire, et toi aussi, maman, je t'en supplie ! viens avec moi, viens avec moi !...

LE DOCTEUR. – Je... Je veux bien. Mais, dites-moi, il n'est pas armé ?

Di NOLLI. – Il n'est pas armé, docteur, il n'est pas armé ! *(À Frida).* Voyons, Frida, c'est enfantin ! C'est toi qui as voulu venir...

FRIDA. – Non, je proteste ! C'est maman qui a voulu venir !

DONNA MATHILDE. – Mais moi, je suis prête à le voir. En somme, que faudra-t-il faire ?

BELCREDI. – Est-ce qu'il est vraiment nécessaire de nous déguiser ?

LANDOLF. – C'est indispensable, indispensable, messieurs ! Il y voit clair, par malheur... *(Montrant son costume.)* Et s'il vous apercevait, monsieur, dans vos vêtements d'aujourd'hui !

ARIALD. – Il croirait à un travestissement diabolique.

Di NOLLI. – Nous lui ferions l'effet d'être déguisés, comme ils nous font, eux ! l'effet de l'être !

LANDOLF. – Cela ne serait rien, monsieur le Marquis, s'il ne s'imaginait que c'est par ordre de son plus mortel ennemi.

BELCREDI. – Le Pape Grégoire VII ?

LANDOLF. – Précisément ! Il le traite de païen !

BELCREDI. – Le Pape ? Ce n'est pas mal !

LANDOLF. – Oui, monsieur, il dit qu'il évoquait les morts ! Il l'accuse de toutes sortes de diableries ! Il en a une peur effroyable.

LE DOCTEUR. – C'est le délire de la persécution.

ARIALD. – Il aurait une crise !...

Di NOLLI, *à Belcredi.* – Ta présence n'est pas nécessaire... Nous pouvons passer à côté : il suffit que le docteur le voie.

LE DOCTEUR. – Heu... heu !... Je veux bien, mais moi tout seul ?

DI NOLLI, *montrant les trois jeunes gens.* – Ils seront avec vous.

LE DOCTEUR. – Heu... heu... Si madame la Marquise... peut-être...

DONNA MATHILDE. – Mais oui, je veux y être aussi ! Je veux le revoir !

FRIDA. – Mais pourquoi, maman ? Je t'en prie, viens avec nous !

DONNA MATHILDE, *impérieuse,* – Laisse-moi !... Je suis venue exprès ! *(À Landolf.)* Je serai « Adélaïde », la mère.

LANDOLF. – Ce sera parfait ! La mère de l'Impératrice Berthe, parfait ! Il suffira que madame se coiffe de la couronne ducale et revête un manteau qui la couvrira tout entière. *(À Ariald.)* Va, va, Ariald !

ARIALD. – Minute !... *(Montrant le docteur.)* Et monsieur ?

LE DOCTEUR. – Ah ! oui... Vous avez parlé, je crois, d'un évêque... l'évêque Hugues de Cluny.

ARIALD. – Monsieur veut parler de l'abbé de Cluny ? Ce sera parfait. Hugues de Cluny.

LANDOLF. – Il est déjà venu ici très souvent...

LE DOCTEUR, *stupéfait.* – Comment : venu ici ?

LANDOLF. – Ne craignez rien. Je veux dire que ce déguisement n'était pas compliqué...

ARIALD. – On l'a employé plusieurs fois déjà.

LE DOCTEUR. – Mais...

LANDOLF. – Il n'y a pas de danger qu'il s'en souvienne. Il fait plus attention au vêtement qu'à la personne.

DONNA MATHILDE. – C'est parfait pour moi, cela.

Di NOLLI. – Allons-nous-en, Frida ! laissons-les ! Viens avec nous, Tito !

BELCREDI. – Ah ! mais non ! *(Montrant la marquise.)* Si elle reste, je reste aussi.

DONNA MATHILDE. – Je n'ai pas besoin de vous !

BELCREDI. – Je ne dis pas le contraire... Mais moi aussi, j'aurai plaisir à le revoir. N'en ai-je pas le droit ?

LANDOLF. – Oui, il vaut peut-être mieux que vous soyez trois.

ARIALD. – Alors, monsieur ?

BELCREDI. – Eh bien ! mais trouvez-moi un autre de ces travestis bon marché.

LANDOLF, *à Ariald.* – Mais oui : en moine de Cluny.

BELCREDI. – En moine de Cluny ? C'est comment ?

LANDOLF. – Un froc de bénédictin de l'abbaye de Cluny. Vous figurerez la suite de Monseigneur. *(À Ariald.)* Allons, va ! *(À Berthold.)* Et toi aussi va-t'en ! et qu'on ne te revoie pas d'aujourd'hui ! *(Il les rappelle au moment où ils sortent.)* Attendez ! *(À Berthold.)* Toi, apporte ici les vêtements qu'Ariald va te donner ! *(À Ariald.)* Et toi, va tout de suite annoncer la visite de la « duchesse Adélaïde » et de Monseigneur « Hugues de Cluny ». C'est compris ?

Ariald et Berthold sortent par la première porte à droite.

Di NOLLI. – Alors, nous vous laissons.

Il sort avec Frida par la porte à gauche.

LE DOCTEUR, *à Landolf.* – Dites-moi un peu... Vous croyez vraiment qu'il aura plaisir à voir l'évêque Hugues de Cluny ?

LANDOLF. – Mais certainement ! Soyez tranquille. Monseigneur a toujours été reçu ici avec le plus grand respect. Et vous aussi, madame la Marquise, vous pouvez être tranquille. Il n'a jamais oublié que c'est grâce à vous deux qu'il a pu, à moitié mort de froid, après quarante-huit heures d'attente dans la neige, être admis au château de Canossa, en présence de Grégoire VII, qui ne voulait pas le recevoir. Il le dit bien souvent...

BELCREDI. – Et moi, s'il vous plaît ?

LANDOLF. – Vous, vous vous tiendrez respectueusement à l'écart...

DONNA MATHILDE *irritée, avec nervosité.* – Vous feriez mieux de vous en aller !

BELCREDI, *bas, avec colère.* – Vous voilà bien émue...

DONNA MATHILDE, *avec fierté.* – Je suis comme il me plaît... Laissez-moi en paix !

Berthold entre avec les travestissements.

LANDOLF, *le voyant entrer.* – Ah ! voici les costumes ! C'est le manteau pour madame la Marquise.

DONNA MATHILDE. – Attendez, j'enlève mon chapeau.

Elle enlève son chapeau et le tend à Berthold.

LANDOLF. – Portez-le à côté. (*À la marquise, en faisant le geste de poser la couronne ducale sur sa tête.*) Vous permettez ?

DONNA MATHILDE. – Mon Dieu ! Pas le moindre miroir, ici ?

LANDOLF. – Il y en a un à côté. (*Il montre la porte à gauche.*) Si madame la Marquise veut passer par là...

DONNA MATHILDE. – Oui, oui, cela vaudra mieux ! Donnez, je reviens tout de suite.

Elle reprend son chapeau et sort, suivie de Berthold qui porte le manteau et la couronne. Pendant ce temps, le docteur et Belcredi revêtent seuls les robes de bénédictins.

BELCREDI. – Devenir bénédictin, j'avoue que je ne m'y attendais pas !... Cette folie me semble assez coûteuse...

LE DOCTEUR. – Ce n'est pas la seule...

BELCREDI. – Il faut une fortune pour s'en payer de semblables...

LANDOLF. – Nous avons ici une garde-robe complète. Rien que des costumes de l'époque, exécutés à la perfection sur des modèles anciens. C'est moi qui en ai la charge. Je m'adresse à des tailleurs de théâtre spécialisés. Cela coûte gros.

Donna Mathilde rentre, revêtue du manteau et la couronne sur la tête.

BELCREDI, *avec admiration.* – Vous êtes magnifique ! Vraiment royale !

DONNA MATHILDE, *regardant Belcredi et éclatant de rire.* – Oh ! mon Dieu ! Non, sortez d'ici ! Vous êtes impossible ! Vous semblez une autruche habillée en moine !

BELCREDI. – Et regardez le docteur !

LE DOCTEUR. – Évidemment... évidemment...

DONNA MATHILDE. – Mais non, le docteur est beaucoup mieux... C'est vous, qui êtes à mourir de rire !

LE DOCTEUR, *à Landolf.* – Vous recevez donc beaucoup dans cette maison ?

LANDOLF. – C'est selon. Parfois, il demande qu'on lui présente tel ou tel personnage, et alors il faut chercher des gens qui se prêtent à la comédie. Il réclame même des femmes...

DONNA MATHILDE, *blessée et voulant le cacher.* – Ah ! vraiment ! des femmes aussi ?

LANDOLF. – Autrefois surtout, oui, il en réclamait souvent.

BELCREDI, *riant.* – Ah ! Elle est bien bonne... En costume ? *(Montrant la marquise.)* Comme ça ?

LANDOLF. – Vous savez, on lui amenait des femmes... de ces femmes qui...

BELCREDI. – Oui, des femmes faciles ! Je comprends ! *(Perfidement, à la marquise.)* Prenez garde, la chose peut devenir dangereuse pour vous !

La seconde porte à droite s'ouvre et Ariald paraît. Il fait d'abord un signe pour obtenir le silence, puis il annonce solennellement :

ARIALD. – Sa Majesté l'Empereur !

Entrent les deux hommes d'armes, qui vont se poster au pied du trône ; puis, encadré par Ordulf et par Ariald qui se tiennent respectueusement un peu en arrière, Henri IV. Il approche de la cinquantaine. Très pâle, déjà grisonnant sur la nuque. Sur les tempes et, sur le haut de la tête, ses cheveux sont teints en blond, d'une façon puérile, très apparente. Son visage est d'une pâleur tragique, avec deux taches de rouge sur les pommettes, pareilles à des joues de poupées. Ce maquillage est également très apparent. Henri IV revêt, par-dessus ses habits royaux, le sayon de poil de chèvre des pénitents, comme à Canossa. Il a dans les yeux une fixité anxieuse qui épouvante, en contraste avec son attitude qui s'efforce d'exprimer l'humilité et le repentir, attitude qu'il accentue d'autant plus qu'il éprouve l'injustice de son abaissement. Ordulf porte à deux mains la couronne royale, Ariald le sceptre avec l'Aigle et le globe surmonté de la croix.

HENRI IV, *s'inclinant d'abord devant donna Mathilde, puis devant le docteur.* – Madame... Monseigneur... (*Il regarde Belcredi et ébauche un salut, mais il l'interrompt et, se tournant vers Landolf qui s'est approché, il lui demande à voix basse, avec défiance :*) C'est Pierre Damien ?

LANDOLF. – Non, Majesté. C'est un moine de Cluny, qui accompagne l'abbé.

HENRI IV (*il recommence à considérer Belcredi avec une défiance croissante et, remarquant que celui-ci se tourne avec embarras vers donna Mathilde et vers le docteur, comme pour les consulter du regard, il se redresse et crie*) : C'est Pierre Damien ! – Inutile, mon Père, de regarder la Duchesse ! (*Se tournant vers donna Mathilde comme pour conjurer un danger.*) Je vous jure, madame, je vous jure que mon âme est changée envers votre fille ! J'avoue que s'il (*il montre Belcredi*) n'était pas venu me l'interdire au nom du Pape Alexandre, je l'aurais répudiée ! Oui, il y avait quelqu'un qui favorisait cette répudiation : c'était l'évêque de Mayence, en échange de cent vingt domaines. (*Regardant d'un air égaré Landolf.*) Mais il ne faut pas, en ce moment, que je dise du mal des évêques. (*Il s'approche avec humilité de Belcredi.*) Je vous suis reconnaissant, croyez-le je vous suis reconnaissant, aujourd'hui, Pierre Damien, de cette interdiction ! – Toute ma vie est un tissu d'humiliations : — ma mère, Adalbert, Tribur, Goslar — et maintenant ce savon de poil de chèvre que vous me voyez là, sur le dos. *(Changeant de ton brusquement, comme quelqu'un qui repasse son rôle, dans une parenthèse de ruse.)* N'importe ! De la clarté dans les idées, de la perspicacité, une attitude ferme et de la patience quand la fortune est adverse ! *(Se tournant vers les visiteurs avec une gravité convaincue.)* Je sais corriger les erreurs commises, et devant vous aussi, Pierre Damien, je m'humilie ! *(Il s'incline profondément et reste courbé devant Belcredi, comme pris d'un soupçon oblique, qui grandit en lui et lui fait ajouter comme malgré lui, sur un ton menaçant.)* À condition, toutefois, que vous n'ayez pas répandu le bruit infâme qu'Agnès, ma sainte mère, avait des rapports inavouables avec l'évêque Henri d'Augsbourg.

BELCREDI *(comme Henri IV reste encore courbé en un geste de menace contre lui, porte ses mains à sa poitrine et nie.)* Eh non ! ce n'est pas moi...

HENRI IV, *se redressant.* — Non, n'est-ce pas ? Quelle infamie ! *(Il le dévisage un moment et reprend.)* Je ne vous en crois pas capable. *(S'approchant du docteur et lui tirant un peu la manche, avec un clin d'œil de ruse.)* Ce sont « eux » ! Toujours les mêmes ! Monseigneur !

ARIALD, *bas, avec un soupir, comme pour suggérer une réponse au docteur.* — Eh, oui, les évêques ravisseurs.

LE DOCTEUR, *pour jouer son rôle, se tournant vers Ariald.* — Eh oui, ce sont eux..., toujours les mêmes...

HENRI IV. — Rien ne leur a suffi ! — Un pauvre enfant, Monseigneur... Que fait-il ? Il passe son temps à jouer — même quand (sans le savoir) il est roi. J'avais six ans, et ils me ravirent à ma mère, et ils se servirent de moi, qui ne savais rien, contre elle et contre la dynastie elle-même, profanant tout, et volant,

volant, plus gloutons l'un que l'autre : Annon plus qu'Étienne, Étienne plus qu'Annon !

LANDOLF, *à voix basse, persuasif, pour le rappeler à l'ordre.* – Majesté...

HENRI IV, *se tournant aussitôt.* – Ah ! oui ! il ne faut pas, en ce moment, que je dise du mal des évêques... Mais cette infamie sur ma mère, Monseigneur, passe les bornes ! *(Il regarde la marquise et s'attendrit.)* Et je ne puis même pas la pleurer, madame... Je me tourne vers vous, qui devez avoir des entrailles de mère. Elle m'a rendu visite, il y a un mois environ. Elle venait de son couvent. On m'a dit qu'elle était morte... *(Une longue pause, lourde d'émotion. Il sourit avec une grande tristesse.)* Et je ne puis pas la pleurer... Puisque vous vous trouvez ici, et que je revêts ce sayon *(il montre le sayon qu'il a sur le dos)* cela veut dire que je n'ai que vingt-six ans...

ARIALD. – Et que, par conséquent, votre mère est encore vivante, Majesté...

ORDULF. – Toujours dans son couvent...

HENRI IV, *se tournant pour les regarder.* – Oui... Je puis ajourner ma douleur à plus tard. *(Montrant à la marquise, avec coquetterie, la teinture dont il a blondi ses cheveux.)* Regardez : je suis encore blond... *(Puis, plus bas, comme en confidence.)* C'est pour vous ! – Moi, je n'en aurais pas besoin, mais les signes extérieurs ne sont pas inutiles ; ils jalonnent le temps. Vous comprenez, Monseigneur ? *(S'approchant de la marquise et regardant ses cheveux.)* Mais je m'aperçois que vous aussi, Duchesse... *(Il cligne de l'œil et fait de la main un signe expressif.)* Eh, vous êtes Italienne... *(Comme pour dire : « hypocrite », mais sans ombre de ressentiment ; au contraire avec une admiration malicieuse.)* Dieu me préserve d'en témoigner émerveillement ou dégoût. – Velléités !... Nul ne veut admettre le pouvoir obscur et fatal qui limite notre volonté. Et pourtant, puisqu'on naît, puisqu'on meurt !... Naître, Monseigneur, est-ce que vous avez demandé à naître ? Moi, non. Et entre ces deux hasards – naître et mourir – indépendants tous deux de notre volonté, combien d'autres choses encore que nous n'aurions pas voulues et auxquelles nous nous résignons à contre-cœur !

LE DOCTEUR, *pour dire quelque chose, tout en l'étudiant attentivement.* – Eh oui, malheureusement !

HENRI IV. – Quand nous refusons de nous résigner, les velléités apparaissent. Une femme qui veut être un homme... un vieillard qui veut être jeune... Velléités, velléités, chimères ridicules, c'est certain. Mais réfléchissez, Monseigneur, toutes nos autres velléités ne sont pas moins ridicules, même quand elles ne débordent pas les limites du possible humain. Nul mensonge pourtant, nulle fiction de notre part. Nous sommes, de bonne foi, immobilisés dans une noble idée de nous-mêmes. Vous, par exemple, Monseigneur, vous êtes là, vous ne bougez plus, vous vous agrippez à deux mains à votre saint vêtement, et vous ne prenez pas garde qu'il glisse de vos manches, qu'il coule de vos manches quelque chose, comme un serpent : c'est la vie ! Ah ! quelle surprise, quand, soudain, vous apercevez là, dressée devant vous, cette vie qui s'est échappée de vous-même. Quelle colère, quelle rage contre vous-même ! Ou bien quels remords, oui, quels remords !... Ah ! si vous saviez, j'ai trouvé devant moi tant de remords !... Avec un visage qui était le mien, mais si affreux que je ne pouvais le regarder en face... *(Il s'approche de la marquise.)* Cela ne vous est-il jamais arrivé, Madame ? Vous rappelez-vous vraiment avoir toujours été la même ? Un jour, pourtant, Dieu... comment avez-vous pu faire cela... *(Il la fixe d'une façon si aiguë qu'elle est près de s'évanouir.)* Oui, « cela », vous savez quoi... nous nous comprenons, oh ! soyez tranquille, je ne le dirai à personne ! Et vous, Pierre Damien, vous, l'ami de cet homme...

LANDOLF, *bas.* – Majesté...

HENRI IV, *vite.* – Non, non, je ne prononcerai pas son nom ! Je sais qu'il le supporte mal ! *(Se tournant vers Belcredi, comme en aparté.)* Quelle opinion ? quelle opinion aviez-vous de lui ?... Il n'en est pas moins vrai que nous nous obstinons tous dans l'idée que nous nous faisons de nous-mêmes, tout comme, en vieillissant, nous teignons nos cheveux. Peu importe que la teinture de mes cheveux ne puisse pas être pour vous une réalité, si du moins, pour moi, elle est un tout petit peu réelle. – Vous, madame, vous ne teignez certainement pas vos cheveux pour tromper les autres, ni vous-même, mais simplement pour tromper un peu, un tout petit peu, votre image au miroir. Moi, je me teins pour rire. Vous, vous vous teignez pour de bon, mais vous avez beau le faire sérieusement, vous n'en êtes pas moins masquée, vous aussi, madame. Oh ! je ne parle pas de la véné-rable couronne qui ceint votre front... Je m'incline devant elle. Je ne parle pas de votre manteau ducal ; je parle uniquement du souvenir de vos cheveux blonds que vous avez voulu fixer sur vous artificiellement, parce que vous vous complaisiez autrefois à être blonde... ou bien du souvenir de vos cheveux bruns, si vous étiez brune. Ce souvenir, vous le fixez sur vous comme un masque pour retenir l'image de votre jeunesse qui a fui. Pour vous, Pierre Damien, c'est le contraire : le souvenir de ce que vous avez été, de ce que vous avez fait, renaît aujourd'hui avec la figure des réalités passées, et vous avez l'impression, n'est-il pas vrai ? d'un cauchemar. Et pour moi aussi, c'est comme un rêve : tant de réalités inexplicables... à bien y repenser... Bah ! il n'y a rien là d'étonnant, Pierre Damien ; demain, il en sera ainsi de notre vie d'aujourd'hui ! *(Se mettant soudain en colère et cris-pant ses mains sur son sayon.)* Ce sayon ! *(Avec une joie presque féroce, faisant le geste de l'arracher, tandis qu'Ariald, Landolf, Ordulf se précipitent, épouvantés, comme pour l'en empêcher.)* Ah ! Dieu du ciel ! *(Il recule et, enlevant son sayon, il leur crie.)* Demain, à Bressanone, vingt-sept évêques alle-mands et lombards signeront avec moi la destitution du pape

Grégoire VII, qui n'est pas le Souverain Pontife, mais qui n'est qu'un faux moine !

ORDULF *et ses trois compagnons le conjurant de se taire.* – Majesté, Majesté, au nom du Seigneur !

ARIALD, *l'invitant par gestes à endosser de nouveau le sayon.* – Prenez garde à ce que vous dites !

LANDOLF. – Monseigneur est ici avec la Duchesse pour intercéder en votre faveur !

Il fait des signes pressants au docteur pour l'inviter à dire sans tarder quelque chose.

LE DOCTEUR, *égaré.* – Effectivement, oui, nous sommes ici pour intercéder...

HENRI IV, *pris d'un repentir subit, presque épouvanté, se laissant remettre par ses trois vassaux le sayon sur les épaules et le serrant contre lui de ses mains convulsées.* – Pardon... Oh, oui... pardon, pardon, Monseigneur ; pardon, madame... Je sens, je vous le jure, je sens tout le poids de l'anathème ! *(Il se courbe, plonge sa tête dans ses mains, comme dans l'attente de quelque chose qui va l'écraser. Il reste un instant ainsi, puis, d'une voix toute différente, sans bouger, il dit tout bas en confidence à Landolf, à Ariald et à Ordulf.)* Je ne sais pourquoi, aujourd'hui, je ne réussis pas à me montrer humble devant celui-là !

Il indique Belcredi.

LANDOLF, *à voix basse.* – Mais pourquoi, Majesté, vous obstinez-vous à croire que c'est Pierre Damien ? Ce n'est pas lui.

HENRI IV, *regardant en dessous avec crainte.* – Ce n'est pas Pierre Damien ?

ARIALD. – Mais non, ce n'est qu'un pauvre petit moine, Majesté !

HENRI IV, *avec une exaspération contenue et douloureuse.* – Personne ne peut mesurer la portée de ses actes, quand il agit par instinct... Vous, madame, vous pouvez peut-être me comprendre mieux que les autres... Vous êtes femme et duchesse. Nous sommes à une heure solennelle et décisive. Je pourrais, sachez-le, en ce moment même où je vous parle, accepter l'appui des évêques lombards et m'emparer du Pontife en l'assiégeant ici, dans son château, courir à Rome, élire un antipape, tendre la main à l'alliance de Robert Guiscard. – Grégoire VII serait perdu ! Je résiste à cette tentation et, croyez-le, je suis sage. Je comprends mon époque et la majesté de cet homme qui sait être ce qu'il doit : un pape digne de ce nom. Si vous riez de moi en me voyant ainsi humilié, vous êtes stupides, vous ne comprenez pas que la sagesse politique me conseille de revêtir aujourd'hui cet habit de pénitent. Je vous dis que les rôles, demain, pourraient être intervertis ! Et que feriez-vous alors ? Ririez-vous, par hasard, d'un pape prisonnier ? – Non. – Nous serions quittes. – Je suis déguisé aujourd'hui en pénitent ; lui le serait demain en prisonnier. Mais malheur à qui ne sait pas porter son masque, que ce soit le masque d'un roi ou celui d'un pape. – Peut-être est-il, en ce moment, un peu trop cruel : oui, sans doute. Pensez, madame, que Berthe, votre fille, envers qui, je vous le répète, mon âme est changée *(il se tourne brusquement vers Belcredi et lui crie au visage, comme si Belcredi avait nié)* changée, changée, à cause de l'affection, du dévouement dont elle a su me donner les preuves dans ce terrible moment ! *(Il se tourne vers la marquise.)* Elle m'a accompagné à Canossa, madame ; elle est en bas, dans la cour ; elle a voulu me suivre, comme une mendiante ; elle est demi-morte de froid, après ces deux nuits passées dehors, sous la neige ! Vous êtes sa mère ! Vos entrailles devraient tressaillir de pitié, et vous devriez vous unir à lui *(il montre le docteur)* pour implorer du Souverain Pontife notre pardon : qu'il nous reçoive !

DONNA MATHILDE, *tremblante, avec un filet de voix.* – Mais oui, oui, tout de suite...

LE DOCTEUR. – C'est ce que nous allons faire !

HENRI IV. – Autre chose encore ! Autre chose ! *(Il les fait approcher de lui et leur dit tout bas, en grand secret.)* Il ne suffit pas qu'il me reçoive. Vous savez qu'il peut tout. Je dis « tout ». Il peut même évoquer les morts ! *(Il se frappe la poitrine.)* Me voici ! Vous me voyez ! Aucun secret de sorcellerie ne lui est inconnu. Eh bien, Monseigneur, madame, voilà ma vraie condamnation. Regardez ! *(Il montre son portrait pendu au mur, presque avec effroi.)* Ne plus pouvoir me délivrer de cet ensorcellement ! Me voici pénitent, et je le resterai ! Je vous jure que tel je resterai tant qu'il ne m'aura pas reçu. Mais vous devriez, tous les deux, quand il aura levé mon excommunication, implorer autre chose du Pape : qu'il me détache de là. *(Il montre de nouveau son portrait.)* Qu'il me laisse vivre ma pauvre vie, toute ma vie, dont j'ai été exclu... On ne peut pas toujours avoir vingt-six ans, madame ! Et je vous le demande aussi pour votre fille : pour que je puisse l'aimer comme elle le mérite. (Vous avez vu les bonnes dispositions où je me trouve, attendri comme je le suis maintenant par sa pitié.) Voilà, c'est cela qu'il faut lui demander. Mon sort est entre vos mains... *(Il salue.)* Madame ! Monseigneur !

Et il se retire, en saluant, repasse la porte par où il est entré, les laissant tous dans la stupeur. Pour la marquise, elle est si profondément émue qu'à peine Henri IV disparu, elle se laisse aller sur un siège, presque évanouie.

Rideau.

ACTE DEUXIÈME

Une autre pièce de la villa, contiguë à la salle du trône. Austère mobilier antique. Au fond, la porte du vestibule. À gauche, deux fenêtres qui donnent sur le jardin ; à droite une porte qui conduit à la salle du trône. Tard dans l'après-midi, le même jour.

Donna Mathilde, le docteur et Tito Belcredi sont en scène. Ils sont en train de causer, mais Donna Mathilde reste à l'écart, sombre, visiblement excédée par ce que disent les deux interlocuteurs. Pourtant, elle ne peut s'empêcher de prêter l'oreille à leurs propos. Dans l'état d'agitation où elle se trouve, tout l'intéresse malgré elle, en l'empêchant de se replier sur elle-même pour mûrir le projet plus fort qu'elle, qui la tente. Les paroles des deux autres attirent son attention, car elle sent instinctivement le besoin d'être retenue à ce moment précis.

BELCREDI. – Vous avez sans doute raison, mon cher docteur, mais je vous ai fait part de mon impression.

LE DOCTEUR. – Je ne la conteste pas, mais je crois que ce n'est qu'une simple impression...

BELCREDI. – Comment... Mais enfin, il a tout de même été jusqu'à dire la chose clairement ! *(Se tournant vers la marquise.)* N'est-ce pas, marquise ?

DONNA MATHILDE, *se retournant.* — Qu'est-ce qu'il a dit ? *(Se refusant à approuver Belcredi.)* Ah, oui... Mais ce n'est pas du tout pour la raison que vous croyez.

LE DOCTEUR. — Il voulait parler des habits que nous endossions *(il montre la marquise),* du manteau de madame, de nos frocs de bénédictins. Tout cela était puéril.

DONNA MATHILDE, *brusquement, se tournant avec colère.* — Puéril ? Que dites-vous ? docteur ?

LE DOCTEUR. — Puéril, oui, dans un sens... Oui... Permettez, Marquise, que je vous explique... Puéril dans un sens, mais d'autre part beaucoup plus compliqué que vous ne pouvez l'imaginez.

DONNA MATHILDE. — Pour moi, c'est au contraire tout ce qu'il y a de plus clair.

LE DOCTEUR, *avec le sourire de pitié de l'homme compétent pour les profanes.* — Eh ! oui !... Il faut connaître cette psychologie spéciale des fous qui fait — prenez-y garde — qu'un fou peut, sans aucun doute possible, s'apercevoir d'un déguisement, se rendre parfaitement compte que c'est un déguisement et pourtant, messieurs, y croire sans réserve, tout à fait comme les enfants pour qui un déguisement est à la fois un jeu et une réalité. Voilà pourquoi j'ai parlé de puérilité. Mais ce qu'il y a d'autre part d'extrêmement compliqué, c'est qu'il a conscience, qu'il doit avoir parfaitement conscience d'être pour lui-même, devant lui-même, une image, cette image-là !

Il fait allusion au portrait de la salle du trône et fait signe vers sa gauche.

BELCREDI. — Il l'a dit !

LE DOCTEUR. – Parfaitement ! – Il est une image devant laquelle se sont présentées d'autres images : les nôtres ; comprenez-vous ? Dans son délire, – délire aigu et extrêmement lucide, – il a pu remarquer tout de suite une différence entre son image et les nôtres. Il a pu remarquer qu'il y avait en nous, dans nos images, une simulation, et cela l'a mis en défiance. La défiance des fous est sans cesse en éveil... Mais c'est là tout. Notre jeu répondant au sien n'a pu lui sembler inspiré par la pitié, et son jeu nous a paru à nous d'autant plus tragique que, comme pour nous braver – comprenez-vous ? – poussé par sa défiance, il a précisément voulu le dénoncer, comme un jeu ; mais oui, il a voulu nous faire croire qu'il jouait en se présentant à nous avec un peu de teinture sur les cheveux et de maquillage sur les joues, et en nous disant qu'il se teignait, qu'il se fardait exprès, pour rire !

DONNA MATHILDE, *éclatant*. – Non, ce n'est pas cela, docteur ! Ce n'est pas cela !

LE DOCTEUR. – Comment, pas cela ?

DONNA MATHILDE, *prompte, avec énergie*. – Je suis parfaitement sûre qu'il m'a reconnue !

LE DOCTEUR. – Impossible... C'est impossible...

BELCREDI, *en même temps*. – Allons donc !

DONNA MATHILDE, *avec plus d'énergie encore, hors d'elle-même*. – Il m'a reconnue, vous dis-je ! Quand il s'est approché de moi pour me parler, de tout près, il m'a regardée dans les yeux, oui, il a plongé son regard dans le mien, et il m'a reconnue !

BELCREDI. – Il parlait de votre fille...

DONNA MATHILDE. – Ce n'est pas vrai ! Il parlait de moi ! de moi !

BELCREDI. – Oui, peut-être quand il a parlé...

DONNA MATHILDE, *sans aucune pudeur.* – De mes cheveux teints ! Vous n'avez pas remarqué qu'il a ajouté tout de suite : « Ou bien le souvenir de vos cheveux bruns, si vous étiez brune. » Il s'est rappelé parfaitement qu'à cette époque-là j'étais brune.

BELCREDI. – Allons donc ! Allons donc !

DONNA MATHILDE, *sans l'écouter, se tournant vers le docteur.* – Mes cheveux, docteur, sont naturellement bruns, comme ceux de ma fille, et voilà pourquoi il s'est mis à parler d'elle !

BELCREDI. – Mais il ne la connaît pas, votre fille ! Il ne l'a jamais vue !

DONNA MATHILDE. – Précisément ! Vous ne comprenez rien ! Ma fille, pour lui, c'est moi, moi telle que j'étais à cette époque !

BELCREDI. – Oh ! mais son mal est contagieux, vous êtes atteinte !

DONNA MATHILDE, *bas, avec mépris.* – Imbécile !

BELCREDI. – Permettez : avez-vous jamais été sa femme ? Votre fille, dans son délire, est sa femme : Berthe de Suse.

DONNA MATHILDE, – Mais parfaitement ! Je me suis présentée à lui, non plus brune – comme il m'avait gardée dans son souvenir, – mais blonde, en disant que j'étais Adélaïde, la mère. Ma fille n'existe pas pour lui, il ne l'a jamais vue, vous l'avez dit vous-même. Comment pourrait-il donc savoir si elle est blonde ou brune ?

BELCREDI. – Il a parlé d'une femme brune en général, mon Dieu ! d'une femme quelconque – brune ou blonde – qui cherche à retenir le souvenir de sa jeunesse dans la couleur de ses cheveux ! Et voilà qu'à votre habitude, vous vous mettez à imaginer je ne sais quoi ! Docteur, elle dit que je n'aurais pas dû la suivre. C'est elle qui aurait mieux fait de s'abstenir !

DONNA MATHILDE, *un moment abattue par la remarque de Belcredi, réfléchit, puis se reprenant, mais avec quelque irritation, parce qu'elle est dans le doute.* – Non... non... Il parlait de moi... Il a constamment parlé avec moi et de moi...

BELCREDI. – Ah ! çà, par exemple ! Il ne m'a pas laissé souffler une minute, et vous prétendez qu'il n'a parlé que de vous ? C'était encore de vous qu'il parlait quand il s'adressait à Pierre Damien !

DONNA MATHILDE, *avec défi, bannissant toute retenue.* – Et pourquoi pas ? – Sauriez-vous me dire pourquoi, dès le premier instant, il a senti de l'aversion pour vous et rien que pour vous ?

La demande sera faite sur un tel ton que la réponse explicite devrait être : « Parce qu'il a compris que vous êtes mon amant ! » – Belcredi le comprend si bien qu'il reste interdit, sans répondre.

LE DOCTEUR. – Je vous demande pardon, mais la raison pourrait bien être dans ce fait qu'on lui avait annoncé la visite de la duchesse Adélaïde et de l'abbé de Cluny. En voyant une tierce personne, qu'on ne lui avait pas annoncée, sa méfiance s'est tout de suite...

BELCREDI. – Parfaitement ! C'est sa méfiance qui lui a fait voir en moi un ennemi : Pierre Damien ! – Mais elle s'est mis dans la tête qu'il l'a reconnue...

DONNA MATHILDE. – Il n'y a pas de doute... Ses yeux me l'ont dit, docteur... Il y a des regards qui ne trompent pas !... Ce ne fut peut-être que l'espace d'une seconde ! Que voulez-vous que je vous dise ?

LE DOCTEUR. – C'est... c'est bien possible : un éclair de lucidité...

DONNA MATHILDE. – Peut-être... Et alors, ses paroles m'ont paru pleines du regret de ma jeunesse et de la sienne, lui qui, depuis cet horrible accident, vit enfermé sous ce masque qu'il n'a jamais pu quitter, et qu'il veut quitter aujourd'hui, – il l'a dit expressément !

BELCREDI. – Oui ! Pour pouvoir aimer votre fille. Ou vous-même – comme vous vous l'imaginez, – parce que votre pitié l'a attendri.

DONNA MATHILDE. – Ma pitié pour lui est infinie...

BELCREDI. – Cela se voit, Marquise ! Elle est si grande qu'un thaumaturge en attendrait sans nul doute un miracle.

LE DOCTEUR. – Permettez... Je ne fais pas de miracles ; je suis un médecin, et non un thaumaturge. J'ai prêté la plus grande attention à tout ce qu'il a dit, et je vous répète que l'élasticité analogique, qui est la marque de tout délire spécifique, me paraît chez lui très... comment dire ? très relâchée. Je m'explique : les éléments de son délire ne forment plus un tout solide. J'ai l'impression qu'il a de la peine à se maintenir dans le personnage qu'il a revêtu, et cela à cause de brusques appels qui l'arrachent – symptôme très réconfortant – qui l'arrachent, non pas à un état d'apathie naissante, mais à un état d'acceptation et d'accommodation pour le plonger dans un état de réflexion mélancolique... qui témoigne vraiment d'une activité cérébrale considérable. Je le répète, c'est un symptôme très réconfortant. Eh bien, si grâce au moyen violent que nous avons préparé...

DONNA MATHILDE, *se tournant vers la fenêtre, du ton d'un malade qui geint.* – Mais comment cette automobile n'est-elle pas encore de retour ? Il y a plus de trois heures et demie...

LE DOCTEUR. – Vous dites ?

DONNA MATHILDE. – Cette automobile, docteur... Il y a plus de trois heures et demie qu'elle est partie !

LE DOCTEUR, *tirant sa montre de sa poche et la consultant* – Il y a même plus de quatre heures !

DONNA MATHILDE. – Ils pourraient être ici depuis une demi-heure au moins !... mais c'est comme toujours...

BELCREDI. – Ils n'ont peut-être pas retrouvé la robe...

DONNA MATHILDE. – C'est impossible... Je leur ai indiqué, avec toutes les précisions nécessaires, où était enfermée cette robe ! *(Elle est très impatiente.)* Mais, Frida... Où est Frida ?...

BELCREDI, *se penchant à la fenêtre.* – Peut-être au jardin, avec Carlo.

LE DOCTEUR. – Il doit la persuader de dominer sa peur...

BELCREDI. – Mais elle n'a pas peur, docteur ; ne croyez pas cela ! Elle s'ennuie...

DONNA MATHILDE. – Faites-moi le plaisir de ne pas la supplier ! Je sais comment elle est faite !

LE DOCTEUR. – Attendons patiemment. Nous n'en avons plus pour longtemps, et il faut que la chose ait lieu de nuit... Il suffira d'un moment. Si nous parvenons à l'ébranler, à rompre d'un coup, par ce choc violent, le fil déjà usé qui le rattache encore à sa folie, en lui rendant ce qu'il demande lui-même (vous l'avez entendu : « On ne peut pas toujours avoir vingt-six ans, Madame ! »), oui, en le libérant de cet emprisonnement auquel il se sent condamné : en somme, si nous obtenons qu'il retrouve d'un coup la conscience de la durée...

BELCREDI. – Il sera guéri ! *(Ironiquement, une syllabe après l'autre.)* Nous allons l'arracher à son image !

LE DOCTEUR. – Nous pouvons tout au moins espérer le remettre en marche, comme une montre qui s'est arrêtée à une certaine heure. Nous serons là, avec nos montres à la main, et nous attendrons que l'heure fatale sonne de nouveau. Nous donnerons un bon coup, comme cela, et espérons qu'il se remettra à marquer les heures de sa vie, après ce long arrêt.

À ce moment, le marquis Carlo di Nolli entre par le fond.

DONNA MATHILDE. – Ah ! Carlo... Et Frida ? Où est-elle passée ?

Di NOLLI. – Elle vient tout de suite.

LE DOCTEUR. – L'automobile est arrivée ?

Di NOLLI. – Mais oui.

DONNA MATHILDE. – Ah oui ? Et ils ont apporté la robe ?

Di NOLLI. – La robe est là depuis un grand moment.

LE DOCTEUR. – Alors, c'est parfait !

DONNA MATHILDE, *frémissante.* – Où est-elle ? Où est-elle ?

Di NOLLI, *haussant les épaules et souriant tristement, comme quelqu'un qui joue mal volontiers un rôle dans une farce hors de saison.* – Mais vous allez la voir... *(Il montre l'entrée.)* La voici...

Berthold se présente sur le seuil de la porte du fond, et annonce solennellement :

BERTHOLD. – Son Altesse la marquise Mathilde de Canossa !

Frida entre magnifiquement belle. Elle a revêtu le vieux déguisement de sa mère, et elle prête vie à l'image peinte dans la salle du trône.

FRIDA, *s'approchant de Berthold, qui s'incline, avec une hauteur méprisante.* – De Toscane, de Toscane, je vous prie ! Canossa est un de mes châteaux.

BELCREDI, *avec admiration.* – Mais regardez donc ! Ce n'est plus elle !

DONNA MATHILDE. – Ce n'est plus elle !... C'est moi... Vous voyez... Oh ! mon Dieu !... Arrête, Frida !... Vous la voyez ! C'est mon portrait... vivant !

LE DOCTEUR. – Oui, oui... C'est parfait ! Parfait ! C'est le portrait même !

BELCREDI. – Il n'y a pas à dire... C'est vraiment le portrait ! Ah, quel type !

FRIDA. – Ne me faites pas rire ! J'éclate, vous savez !... Quelle taille mince tu avais, maman ! J'ai failli étouffer en m'agrafant !

DONNA MATHILDE, *à bout de nerfs, arrangeant les plis de la robe.* – Viens un peu... Ne bouge plus... Ces plis... Tu es vraiment si serrée ?

FRIDA. – J'étouffe ! Dépêchons, je vous en prie...

LE DOCTEUR. – Mais il faut attendre la nuit...

FRIDA. – Je n'y tiens déjà plus... Je ne résisterai jamais jusqu'à ce soir !

DONNA MATHILDE. – Mais pourquoi t'es-tu habillée si tôt ?

FRIDA. – Eh ! quand j'ai vu cette robe ! La tentation ! Irrésistible...

DONNA MATHILDE. – Tu aurais au moins pu m'appeler ! Je t'aurais aidée... Ce bliaud est tout froissé, mon Dieu !...

FRIDA. – Je l'ai bien vu, maman. Mais ce sont des plis si invétérés... Il ne serait pas possible de les faire disparaître...

LE DOCTEUR. – Peu importe, Marquise ! L'illusion est parfaite. *(S'approchant et invitant la marquise à se placer de-*

vant sa fille, sans toutefois la cacher.) Vous permettez ? Vous vous placerez comme cela... oui, a une certaine distance... un peu plus en avant...

BELCREDI. – Pour bien donner la conscience de la durée...

DONNA MATHILDE, *se tournant vers lui, du bout des lèvres.* – Vingt ans passés ! Un vrai désastre, hein ?

BELCREDI. – N'exagérons rien !

LE DOCTEUR, *très embarrassé, pour rompre les chiens.* – Non, non ! Ce que j'en disais, c'était pour l'habit... c'était pour voir...

BELCREDI, *riant.* – Mais entre ces deux robes, Docteur, ce n'est pas vingt ans, c'est huit cents ans qu'il y a ! Un véritable abîme ! Vous voulez vraiment lui faire sauter huit cents ans d'un coup ? *(Montrant d'abord Frida, puis la marquise.)* Pensez-y bien, messieurs ; je parle sérieusement : pour nous, il s'agit de vingt ans, de deux robes et d'une mascarade. Mais si vraiment, comme vous le disiez, Docteur, le temps s'est arrêté pour lui, en lui et autour de lui, s'il vit *(montrant Frida)* avec elle, il y a huit siècles, le vertige du saut que vous allez lui imposer sera tel que quand il retombera au milieu de nous... *(Le docteur du doigt fait signe que non.)* Vous dites que non ?

LE DOCTEUR. – Pas du tout. La vie, mon cher Baron, se réajuste ! Dans le cas présent, notre vie reprendra aussitôt sa réalité, pour lui comme pour nous, et elle lui rendra aussitôt l'équilibre, en lui arrachant d'un coup son illusion et en lui découvrant que ces huit cents années furent à peine vingt ! Il en sera comme de certains trucs, comme, par exemple, du saut dans le vide des initiations maçonniques ; cela semble un monde et, au bout du compte on a descendu une marche d'escalier.

BELCREDI. – Oh ! quelle découverte ! Mais parfaitement ! – Regardez Frida et la marquise, docteur ! – Qui est le plus en avance ? – C'est nous, docteur, nous les vieux ! Nos cadets se croient en avance sur nous, ils se trompent : nous sommes plus avancés qu'eux, puisque le temps est plus à nous qu'à eux.

LE DOCTEUR. – Oui, si le passé ne nous éloignait pas !

BELCREDI. – Mais pas du tout ! Nous éloigner de quoi ? *(Il montre Frida et di Nolli.)* Eux ont encore à faire ce que nous avons déjà fait, docteur : ils ont à vieillir, en refaisant à peu près les mêmes sottises que nous... L'illusion, c'est de croire qu'on quitte la vie par une porte qui se trouve en avant de nous ! C'est faux ! Dès notre naissance, nous commençons à mourir ; celui qui a commencé le premier à vivre est le plus jeune de tous. Le plus jeune des hommes c'est le père Adam ! Regardez *(il montre Frida)* : La marquise Mathilde de Toscane est de huit siècles plus jeune que nous tous.

Il s'incline profondément devant elle.

Di NOLLI. – Je t'en prie, je t'en prie, Tito : ne plaisantons pas.

BELCREDI. – Où as-tu vu que je plaisantais...

Di NOLLI. – Mais oui, depuis que nous sommes arrivés...

BELCREDI. – Comment ! J'ai été jusqu'à m'habiller en bénédictin. »

Di NOLLI. – En fait de chose sérieuse...

BELCREDI. – Si la chose a été sérieuse pour les autres comme en ce moment, par exemple, pour Frida, pourquoi ne l'aurait-elle pas été pour moi ?... *(Se tournant vers le docteur.)* Je vous jure, docteur, que je ne comprends pas encore ce que vous voulez faire.

LE DOCTEUR, *ennuyé.* – Mais vous le verrez bien ! Je ne vous demande qu'un peu de crédit... La marquise n'est pas encore habillée comme elle doit l'être...

BELCREDI. – Ah ! elle doit aussi se déguiser...

LE DOCTEUR. – Mais naturellement ! Elle va mettre une robe pareille à celle-ci, qui se trouve dans la garde-robe du château, pour les jours où il souhaite la présence de la marquise Mathilde de Canossa...

FRIDA, *qui cause bas avec di Molli, s'apercevant de l'erreur du docteur.* – De Toscane ! De Toscane !

LE DOCTEUR. – C'est la même chose !

BELCREDI. – Ah ! je comprends ! Il va se trouver en présence de deux Mathildes ?...

LE DOCTEUR. – Précisément. De deux, et alors...

FRIDA, *l'appelant à l'écart.* – Venez m'expliquer, Docteur.

LE DOCTEUR. – Je suis à vous !

Il s'approche des deux jeunes gens et leur donne des explications.

BELCREDI, *bas, à donna Mathilde.* – Vous voulez donc...

DONNA MATHILDE, *se tournant vers lui, impassible.* – Quoi ?

BELCREDI. – Vous lui portez vraiment tant d'intérêt ! Au point de vous prêter à cette comédie ? C'est énorme pour une femme !

DONNA MATHILDE. – Pour une femme quelconque !

BELCREDI. – Mais non, ma chère, pour toutes ! C'est une abnégation...

DONNA MATHILDE. – Je le lui dois bien !

BELCREDI. – Mais ne mentez donc pas ! Vous savez bien que vous ne vous abaissez pas !

DONNA MATHILDE. – Pourquoi parlez-vous d'abnégation, alors ?

BELCREDI. – Vous ne vous avilirez pas aux yeux des autres, mais vous vous avilirez assez pour m'offenser, moi !

DONNA MATHILDE. – Il s'agit bien de vous en ce moment !

Di NOLLI, *s'avançant.* – Bien, bien, voici donc comment nous ferons... (*S'adressant à Berthold.*) Vous, allez m'appeler un de vos trois camarades !

BERTHOLD. – Tout de suite !

Il sort par le fond.

DONNA MATHILDE. – Mais il faut d'abord que nous prenions congé de lui !

Di NOLLI. – Précisément ! Je le fais appeler pour préparer votre départ. *(À Belcredi.)* Toi, tu peux t'en dispenser : reste ici !

BELCREDI, *hochant la tête avec ironie.* – Mais oui, je m'en dispense... je m'en dispense très volontiers...

Di NOLLI. – Il vaut mieux ne pas éveiller encore sa défiance, comprends-tu ?

BELCREDI. – Mais oui ! Je suis une quantité négligeable !

LE DOCTEUR. – Il faut lui donner la certitude absolue que nous quittons le château.

Landolf, suivi de Berthold, entre par la porte à droite.

LANDOLF. – Je vous demande pardon !

Di NOLLI. – Entrez ! Entrez ! C'est bien vous Lolo, n'est-ce pas ?

LANDOLF. – Lolo ou Landolf, au choix !

Di NOLLI, – Bien. Écoutez : Le docteur et madame la Marquise vont prendre congé tout de suite.

LANDOLF. – Rien de plus facile. Il suffira de dire qu'ils ont obtenu sa grâce et que le Pape consent à le recevoir. Il est là-bas, dans sa chambre, en train de gémir. Il se repent de tout ce qu'il a dit, et il est désespéré à l'idée qu'il n'obtiendra pas sa grâce. Si vous voulez bien me suivre et prendre la peine de remettre les habits que vous portiez tout à l'heure...

LE DOCTEUR. – Nous vous suivons...

LANDOLF. – J'y pense. Je me permets de vous suggérer une chose ; c'est d'ajouter que la marquise Mathilde de Toscane, a comme vous, réclamé sa grâce au Souverain Pontife.

DONNA MATHILDE. – Ah ! Vous voyez bien qu'il m'a reconnue !

LANDOLF. – Je vous demande pardon. Ce n'est pas pour cela : c'est qu'il redoute terriblement l'aversion de la marquise, qui a accueilli le Pape dans son château. C'est une chose étrange... Dans l'histoire, que je sache (mais ces messieurs et dames le savent certainement mieux que moi) il n'est pas dit du tout, n'est-ce pas, qu'Henri IV aimât secrètement la marquise de Toscane ?

DONNA MATHILDE, *promptement.* – Non, pas du tout ! Il n'y a rien de cela ! C'est même tout le contraire !

LANDOLF. – C'est bien ce qui me semblait mais lui dit qu'il l'a aimée – il ne cesse de le répéter... Et il redoute aujourd'hui que la colère de la marquise, à cause de cet amour secret, n'agisse contre lui sur l'esprit du Souverain Pontife.

BELCREDI. – Et il faut lui faire comprendre que cette aversion n'existe plus !

LANDOLF. – C'est cela ! Parfaitement !

DONNA MATHILDE, *à Landolf.* – C'est très bien ! Oui. *(À Belcredi.)* L'histoire dit précisément, vous l'ignorez peut-être, que le Pape consentit à le recevoir sur les prières de la marquise Mathilde et de l'abbé de Cluny. Et je vous dirai même, mon cher Belcredi, qu'au moment de la cavalcade – je pensais me servir de ce fait pour lui prouver que je n'étais pas son ennemi autant qu'il se l'imaginait.

BELCREDI. – Mais alors, c'est parfait, ma chère marquise ! Vous n'avez qu'à vous conformer à l'histoire !...

LANDOLF. – Madame pourrait très bien éviter un double déguisement et se présenter tout de suite, avec monseigneur *(il montre le docteur),* vêtue en marquise de Toscane.

LE DOCTEUR, *promptement, avec force.* – Non, non ! Pas cela, je vous en prie ! Cela démolirait tout mon plan ! L'impression que doit provoquer la confrontation doit être brusque, foudroyante. Non, non, marquise, venez avec moi : vous vous présenterez encore à lui en duchesse Adélaïde, mère de l'impératrice, et nous prendrons congé. Il est avant tout nécessaire qu'il croie que nous avons quitté ces lieux. Allons, ne perdons plus de temps : nous avons encore mille choses à préparer.

Le docteur, donna Mathilde et Landolf sortent par la porte à droite.

FRIDA. – Voilà que je recommence à avoir peur...

Di NOLLI. – Encore, Frida ?

FRIDA. – Il aurait mieux valu que je le visse tout à l'heure...

Di NOLLI. – Je t'assure qu'il n'y a vraiment pas de quoi avoir peur !...

FRIDA. – Il n'est pas fou furieux, c'est sûr ?

Di NOLLI. – Mais non, c'est le fou le plus tranquille qui soit.

BELCREDI, *avec une ironique affectation sentimentale.* –
Un fou mélancolique !... Tu n'as donc pas entendu ! Il est fou de
toi.

FRIDA. – Merci beaucoup ! C'est précisément ce qui
m'effraie !

BELCREDI. – Il ne cherchera pas à te faire de mal...

Di NOLLI. – Ce sera l'affaire d'un instant...

FRIDA. – Oui, mais me trouver dans l'obscurité ! avec lui...

Di NOLLI. – Il ne s'agit que d'une minute... et puis, ne se-
rai-je pas près de toi. Tout le monde restera derrière les portes,
aux aguets, prêt à accourir. Dès qu'il verra ta mère devant lui,
comprends-tu ? ton rôle sera terminé...

BELCREDI. – Voulez-vous savoir quelle est ma crainte à
moi : c'est qu'on ne donne un coup d'épée dans l'eau.

Di NOLLI. – Ne recommence pas ! Le remède me paraît ef-
ficace !

FRIDA. – À moi aussi, à moi aussi ! Je le sens rien qu'à la
façon dont je frémis déjà moi-même !

BELCREDI. – Mais les fous, mes chers amis – (malheureusement ils l'ignorent) – possèdent un bonheur dont nous avons
tort de ne pas tenir compte...

Di Nolli, *agacé.* – Qu'est-ce que tu nous chantes avec leur
bonheur ?

BELCREDI, *avec force.* – Ils ne raisonnent pas !

Di Nolli, *l'interrompant avec impatience.* – Mais le raisonnement n'a rien à voir là-dedans !

BELCREDI. – Comment ! N'est-ce pas un raisonnement qu'il devrait faire – selon nous – en la voyant *(il montre Frida)* et en voyant sa mère ? Ce raisonnement, nous l'avons nous-mêmes construit d'avance.

Di NOLLI. – Pas du tout ! Il ne s'agit pas d'un raisonnement ! Nous lui présentons, comme le dit le docteur, une double image de la fiction où il s'est enfermé.

BELCREDI, *avec éclat, brusquement.* – Écoute : je n'ai jamais compris pourquoi ces gens-là prennent leur doctorat en médecine !

Di NOLLI, *ne comprenant pas.* – Qui donc ?

BELCREDI. – Les aliénistes.

Di NOLLI. – Et quel doctorat veux-tu qu'ils prennent ?

FRIDA. – Puisqu'ils sont médecins aliénistes ?

BELCREDI. – Précisément... Ils devraient prendre leur doctorat en droit ! Chez eux, tout est pur bavardage ! Mieux un psychiatre sait parler, meilleur il est ! « L'élasticité analogique », « la conscience de la durée » ! Et par-dessus le marché, ils ont le toupet de dire qu'ils ne font pas de miracles... Mais précisément, ce sont des miracles qu'il faudrait ! Ah ! ils savent bien que plus ils disent qu'ils ne sont pas sorciers, plus les gens les prennent au sérieux. Ils ne font pas de miracles, et ils retombent toujours sur leurs pattes ! C'est admirable !

BERTHOLD, *qui guettait derrière la porte de droite, re-gardant par le trou de la serrure.* – Les voilà ! Les voilà ! Ils se dirigent de ce côté...

Di NOLLI. – Vraiment ?

BERTHOLD. – Il a l'air de vouloir les reconduire... Oui, oui, le voilà, le voilà !

Di NOLLI. – Retirons-nous ! *(Se tournant vers Berthold, avant de sortir.)* Vous, restez ici !

BERTHOLD. – Je dois rester ici ?

Sans lui répondre, Di Molli, Frida et Belcredi s'enfuient par la porte du fond, laissant Berthold hésitant et interdit. La porte à droite s'ouvre : Landolf entre le premier, et s'incline aussitôt. Entrent ensuite donna Mathilde, avec le manteau et la couronne ducale, comme au premier acte, et le docteur, revêtu du froc d'abbé de Cluny, encadrant Henri IV en habit royal. Entrent enfin Ordulf et Ariald.

HENRI IV, *continuant le discours qu'on suppose commen-cé dans la salle du trône.* – Je vous demande donc comment je pourrais être fourbe, si l'on me croit entêté...

LE DOCTEUR. – Non, non, pas entêté du tout !

HENRI IV, *souriant avec complaisance.* – Selon vous, je serais donc vraiment fourbe ?

LE DOCTEUR. – Non, non, ni fourbe, ni entêté !

HENRI IV, *s'arrête et s'écrie sur le ton d'un homme qui veut faire remarquer avec bienveillance, mais aussi avec iro-nie, que les deux choses ne sont pas possibles.* – Monseigneur, si l'entêtement n'est pas un vice qui puisse aller de pair avec la fourberie, j'espérais qu'en me refusant l'entêtement, vous voudriez bien m'accorder au moins un peu de fourberie. Elle m'est très nécessaire, je vous assure ! Mais si vous voulez la garder tout entière pour vous...

LE DOCTEUR. – Comment ? Je vous fais l'effet d'être fourbe ?

HENRI IV. – Non, Monseigneur ! Que dites-vous là ? Mais vous ai-je moi-même produit aujourd'hui l'impression d'être entêté ? *(Coupant court et se retournant vers donna Mathilde.)* Vous permettez que je dise, avant de prendre congé, un mot en particulier à madame la duchesse ? *(Il la conduit à l'écart et lui demande anxieusement, en grand secret.)* Votre fille vous est-elle vraiment chère ?

DONNA MATHILDE, *éperdue.* – Mais oui, certainement...

HENRI IV. – Et vous voulez que je compense, de tout mon amour, de tout mon dévouement, les graves torts que j'ai envers elle ? Du moins ne croyez pas, je vous en supplie, aux débauches dont m'accusent mes ennemis ?

DONNA MATHILDE. – Mais non : je n'y crois pas, je n'y ai jamais cru...

HENRI IV. – Alors, vous voulez bien ?

DONNA MATHILDE. – Quoi donc ?

HENRI IV. – Que je recommence à aimer votre fille ? *(Il la regarde et ajoute aussitôt, d'un ton mystérieux d'avertissement et d'épouvante à la fois.)* Eh bien ! cessez d'être l'amie, oui, ne soyez plus l'amie de la marquise de Toscane !

DONNA MATHILDE. – Je vous assure, pourtant, qu'elle a prié, qu'elle a conjuré autant que nous pour obtenir votre grâce...

HENRI IV, *aussitôt, bas, frémissant.* – Ne me dites pas cela ! Ne voyez-vous pas, madame, l'effet que cela me produit ?

DONNA MATHILDE, *le regardant, puis tout bas, comme en confidence.* – Vous l'aimez encore ?

HENRI IV, *éperdu.* – Encore ? Vous dites encore ? Comment le savez-vous ?... Personne ne le sait ! Personne ne doit le savoir !

DONNA MATHILDE. – Mais elle le sait peut-être, si elle a tant imploré en votre faveur !

HENRI IV *la considère une minute, puis dit.* – Et vous aimez votre fille ? *(Brève pause. Il se tourne vers le docteur, sur un ton plaisant.)* Ah ! Monseigneur, c'est étrange, je n'ai su que j'étais marié que longtemps après – bien tard, bien tard... Aujourd'hui même, je suis marié, je le suis sans aucun doute... Eh bien, je puis vous jurer que je n'y pense presque jamais. C'est un gros péché de ma part, mais je n'ai pas le sentiment de l'existence de ma femme ; je ne la sens pas dans mon cœur. Ce qui est le plus étonnant, c'est que sa mère non plus ne la sent pas dans son cœur ! Avouez-le, madame, vous vous souciez bien peu d'elle ! *(Il se tourne vers le docteur, avec exaspération.)* Elle me parle de l'autre ! de Mathilde ! *(S'excitant toujours davantage.)* Et avec une insistance, une insistance que je ne parviens pas à m'expliquer.

LANDOLF, *humblement.* – C'est peut-être pour vous enlever, Majesté, une opinion fausse que vous avez pu concevoir sur la marquise de Toscane. *(Comme confus de s'être permis cette remarque.)* Je veux dire, bien entendu, en ce qui concerne la minute présente...

HENRI IV. – Tu soutiens, toi aussi, qu'elle a été mon amie ?

LANDOLF. – Oui, Majesté, en ce moment, elle est votre amie !

DONNA MATHILDE. – Oui, c'est exact, elle...

HENRI IV. – Je comprends ce que cela signifie. Vous ne croyez pas que je l'aime. Je comprends. Je comprends. Personne ne l'a jamais cru, personne ne l'a jamais soupçonné. Cela vaut mieux ainsi. C'est assez. Assez. *(Il coupe court et se tourne vers le docteur, le visage changé.)* Vous avez vu, Monseigneur ? les conditions qu'a mises le Pape pour lever son excommunication n'ont rien, exactement rien à voir avec les raisons pour lesquelles il m'avait excommunié ! Dites au Pape Grégoire que nous nous reverrons à Bressanone. Et vous, madame, si vous avez la chance de rencontrer votre fille dans la cour du château de votre amie la marquise, que vous dirais-je ? Faites-la monter ; nous verrons s'il me sera possible de la garder comme épouse et comme impératrice. Jusqu'ici, combien se sont présentées à moi en m'assurant qu'elles étaient bien Berthe de Suse, mon épouse, que j'ai quelquefois désirée – (il n'y avait pas de honte à cela : puisqu'il s'agissait de ma femme légitime !) Mais je ne sais pourquoi en m'affirmant qu'elles étaient bien Berthe, qu'elles étaient bien de Suse, elles éclataient de rire ! *(Sur un ton de confidence.)* Vous comprenez, madame, – au lit – moi sans vêtements – elles, mon Dieu, elles aussi sans vêtements... l'homme et la femme... c'est naturel !... On ne pense plus à ce qu'on est quand on est nu. On suspend son habit, il reste là comme un fantôme ! *(Sur un autre ton, en confidence, au docteur.)* Pour moi, Monseigneur, je pense que les fantômes, en général, ne sont au fond rien autre chose que de petites combinaisons manquées de l'esprit : des images que nous n'avons pas réussi à contenir dans le royaume du sommeil, et qui nous apparaissent parfois à l'état de veille, en plein jour, pour nous faire peur. Ah ! si vous saviez ma peur, la nuit, quand je vois apparaître en désordre toutes ces images – qui rient, qui tombent de cheval. – Parfois, le sang qui bat dans mes artères me terrifie, comme dans le silence de la nuit, un bruit assourdi de pas dans des chambres lointaines... Mais c'est assez, je vous ai trop retenus. Je vous salue, madame, Monseigneur, mes respects. *(Au seuil de la porte du fond, jusqu'où il les a accompagnés, il prend congé d'eux, qui s'inclinent. Donna Mathilde et le docteur sortent. Il referme la porte et se retourne aussitôt, complètement changé.)* Ah ! les bouffons ! les bouffons ! les bouffons ! C'était un clavier de couleurs ! Je n'avais qu'à l'effleurer, et elle devenait blanche, rouge, jaune, verte... Et cet autre : Pierre Damien. – Ah ! ah ! c'était parfait ! Je l'ai écrasé ! Il n'a pas osé reparaître devant moi ! *(Tout cela sera dit avec une frénésie joyeuse et jaillissante en marchant de long en large, en tournant la tête de tous côtés, jusqu'au moment où il aperçoit Berthold, plus qu'étonné, épouvanté par ce changement soudain. Il s'arrête devant lui, et le montrant aux trois autres, qui restent éperdus de stupéfaction.)* Mais regardez donc cet imbécile, qui me regarde la bouche ouverte... *(Il le secoue.)* Tu ne comprends donc pas ? Tu ne vois donc pas comment je les traite, comment je les désarticule, comment je les oblige à paraître devant moi, ces pantins demi-morts d'épouvante ! Ce qui les terrifie, c'est uniquement ceci : que je leur arrache leur masque et que je m'aperçois de leur déguisement : comme si ce n'était pas moi qui les avais contraints à se déguiser pour le plaisir que j'ai de faire le fou !

LANDOLF, ARIALD et ORDULF, *bouleversés, se regardant entre eux.* – Comment ? Que dit-il ? Mais alors...

HENRI IV, *se tournant brusquement, en entendant leurs cris, impérieusement.* – Je suis excédé ! J'en ai assez ! Finissons-en ! *(Soudain, comme si, en y repensant, il n'arrivait pas à y croire.)* Quelle impudence ! Se présenter devant moi, aujourd'hui, avec son amant auprès d'elle... – Et ils se donnaient des airs de pitié, ils semblaient vouloir épargner la colère à un pauvre homme déjà hors du monde, hors du temps, hors de la vie ! Un fou ! Oui, un peu de pitié pour un pauvre fou... S'il ne l'était pas, fou, cet homme n'aurait pas toléré d'être ainsi tyrannisé ! Ils prétendent bien, eux, tous les jours, à toutes les minutes, que les autres soient comme ils le veulent ! Ils ne considèrent pas cela comme de la tyrannie : oh, non, pas le moins du monde ! C'est leur façon de penser, leur façon de voir, de sentir : chacun a la sienne ! Vous avez aussi la vôtre certainement. Mais je voudrais bien savoir quelle elle peut être ! Celle des bêtes de troupeau, misérable, changeante, incertaine !... Et eux, ils en profitent : ils vous font subir et accepter leur façon de voir ; ils vous font sentir et voir comme eux, ou, tout au moins, ils s'en donnent l'illusion ! Car, enfin, que parviennent-ils à imposer ? Des mots ! des mots que chacun comprend et répète à sa façon... C'est pourtant ainsi que se forme ce qu'on appelle l'opinion courante ! Ah ! malheur à celui qui, un beau jour, se trouve marqué d'un de ces mots que chacun répète ! Le mot « fou », par exemple, ou encore, que sais-je, le mot « imbécile » ! Mais dites-moi, peut-on rester calme à l'idée que quelqu'un s'acharne à persuader aux autres que vous êtes tel qu'il vous voit, lui, à vous graver dans l'esprit des autres, conforme au jugement qu'il a porté sur vous ? « Un fou » « Un fou » ! – Je ne parle pas d'aujourd'hui, où je fais semblant de l'être ! Mais avant ma chute de cheval, avant ce choc sur ma tête... *(Il s'arrête brusquement, en remarquant l'agitation des quatre hommes.)* Vous vous regardez dans les yeux ? *(Il imite les marques de leur étonnement.)* Quelle révélation, n'est-ce pas ? Le suis-je ou ne le suis-je pas ? – Eh oui, je suis fou *(il devient terrible.)* Mais alors, pardieu, à genoux, à genoux ! *(Il les force à s'agenouiller tous, l'un après l'autre.)* Je vous l'ordonne : tous a genoux devant moi ! – Comme cela ! Et touchez trois fois la terre du front ! Allons ! Devant les fous, tout le monde doit être à genoux ! *(Il regarde les quatre hommes agenouillés et sent brusquement sa féroce gaieté s'évaporer, il s'en indigne.)* Allons ! Bêtes de troupeau, relevez-vous ! – Vous m'avez obéi ? Alors que vous pouviez me passer la camisole de force !... Écraser quelqu'un sous le poids d'un mot, cela se fait comme rien, comme on écraserait une mouche ! Toute la vie est écrasée sous le poids des mots ! Le poids des morts ! Regardez moi : pouvez-vous croire sérieusement qu'Henri IV vit encore ? Et pourtant, je parle et je vous commande, à vous qui êtes vivants. C'est moi qui vous veux ainsi ! Cela vous semble une plaisanterie, que les morts continuent à dominer la vie ? – Ici, oui, c'est une plaisanterie : mais, sortez d'ici, allez dans le monde des vivants. Le jour paraît. Le temps s'étale devant vous. C'est l'aube. – Ce jour qui naît, vous dites-vous, nous allons le créer nous-mêmes ? – Ah oui ! Vous-mêmes ! – Et toutes les traditions ! Et toutes les habitudes ! – Vous vous mettez à parler ? – C'est pour répéter toutes les phrases qui toujours se sont dites ! – Vous croyez vivre ? – Vous remâchez la vie des morts ! *(Il se campe devant Berthold, complètement abasourdi.)* Tu ne comprends rien à tout cela, toi, n'est-ce pas ? Comment t'appelles-tu ?

BERTHOLD. – Moi... Berthold...

HENRI IV. – Imbécile ! Nous sommes ici entre nous : Comment t'appelles-tu ?

BERTHOLD. – Vr... Vraiment... Je m'appelle Fino...

HENRI IV, *remarquant le geste d'avertissement des trois autres, et se tournant aussitôt vers eux pour les faire taire.* – Fino ?

BERTHOLD. – Fino Pagliuca, oui, monsieur.

HENRI IV, *se tournant vers les autres.* – Vous, je sais vos noms ! Je vous ai tant de fois entendu vous appeler ! *(À Landolf.)* Toi, tu t'appelles Lolo ?

LANDOLF. – Oui, monsieur... *(Avec joie.)* Oh, mon Dieu... Mais alors ?

HENRI IV, *brusquement.* – Quoi donc ?

LANDOLF, *pâlissant.* – Je disais...

HENRI IV. – Oui, tu disais : alors il n'est plus fou ? Mais non ! Ne le voyez-vous pas ? – Nous nous amusons aux dépens de ceux qui nous croient fous. *(À Ariald.)* Je sais que tu t'appelles Franco... *(À Ordulf.)* Et toi, attends un peu...

ORDULF. – Momo !

HENRI IV. – Oui, Momo ! Eh bien ! Qu'en pensez-vous ?

LANDOLF. – Mais alors... Mon Dieu...

HENRI IV. – Non, rien n'est changé ! Rions à gorge déployée !... Mais entre nous. *(Il rit.)* Ah, ah, ah, ah, ah !

LANDOLF, ARIALD, ORDULF, *se regardant, incertains, pris entre leur joie et leur surprise.* – Il est guéri ! Est-il possible ?

HENRI IV. – Chut, chut ! *(À Berthold.)* Tu ne ris pas ? Tu es encore offensé ? Il ne faut pas ! Je ne parlais pas pour toi, tu sais ? – C'est tout le monde, comprends-tu ? C'est tout le monde qui a intérêt à faire croire que certains hommes sont fous, afin de pouvoir sans remords les enfermer. Et sais-tu pourquoi ? C'est parce que quand ces hommes-là se mettent à parler, ils cassent tout. Les conventions volent en éclats. Moi, par exemple, qui suis un de ces hommes, que vais-je dire de ces gens qui viennent de s'en aller ? Que la femme est une putain, son compagnon un salaud et que le troisième est un imposteur... Personne ne croira que c'est vrai ! Et on décide que je suis fou ; mais tout le monde m'écoute pourtant avec épouvante... Ah ! Je voudrais bien savoir pourquoi cette épouvante, puisque ce que je dis n'est pas vrai. – On ne peut pas croire ce que racontent les fous ! – Et cependant, regardez-les tous qui m'écoutent les yeux élargis d'épouvante. – Pourquoi ? Dis-moi pourquoi, toi, dis-le moi ? Tu vois, je suis calme.

BERTHOLD. – Mais parce que... ils croient peut-être...

HENRI IV. – Que c'est vrai ! Non, mon cher... Non, mon cher... regarde-moi bien dans les yeux. Je ne dis pas que ce soit vrai, sois tranquille ! – Rien n'est vrai ! – Mais regarde-moi bien dans les yeux ! (Réponds : Pourquoi écoute-t-on les fous avec épouvante ! Mais regarde-moi donc dans les yeux !)

BERTHOLD. – Oui, monsieur...

HENRI IV. – Tu vois bien ! Tu vois bien ! Toi aussi ! Tes yeux sont remplis d'épouvante ! Parce que de nouveau tu me crois fou (et les fous, on les écoute toujours avec terreur !) – Voilà la preuve ! Voilà la preuve !

Il rit.

LANDOLF, *au nom des autres, prenant courage, avec exaspération.* – Mais quelle preuve ?

HENRI IV. – Que les fous terrifient ! En ce moment, vous me croyez fou de nouveau et vous m'écoutez avec épouvante ? – Et pourtant, il y a longtemps que vous êtes habitués à ma folie ! Vous avez cru que j'étais fou ! – Est-ce vrai ou non ? Alors pourquoi cette épouvante ? *(Il les regarde, ils sont atterrés.)* Vous voyez bien ? Vous sentez que ce désarroi peut aller jusqu'à la terreur, jusqu'à la sensation que la terre vous manque sous les pieds et qu'on n'a plus d'air à respirer ? Pourquoi ? Pourquoi ? Mais parce que, mes chers amis : se trouver devant un fou, savez-vous bien ce que cela signifie ? – Cela veut dire : se trouver devant quelqu'un qui ébranle jusque dans leurs assises toutes les choses que nous avons construites en nous, autour de nous, la logique, la logique de toutes nos constructions ! – Il n'y a rien à y faire ! Les fous construisent sans logique ; comme ils sont heureux, hein ! Ou bien avec une logique à eux, légère comme une plume ! Ah ! Quelle mobilité ! Quelle mobilité ! Aujourd'hui, d'une façon ; demain, d'une autre ! Qui sait comment ? Vous employez toute votre force à vous fixer, et eux, ils s'abandonnent. Quelle mobilité ! Quelle mobilité ! – Vous dites : « Cela ne peut pas être ! » – Pour eux, tout peut être. – Vous dites : cette chose n'est pas vraie ? Pourquoi ? – Parce qu'elle ne semble vraie ni à toi, ni à toi, ni à toi, *(il indique trois d'entre eux)* ni à cent mille autres. Eh, mes chers amis, il faudrait examiner ce qui semble vrai à ces cent mille autres qu'on n'appelle pas fous, voir les spectacles que donne leur accord, fruits de leur logique ! Fine fleur de logique ! Étant enfant, la lune, dans le puits, me semblait vraie. Et combien d'autres choses encore me semblaient vraies ! Je croyais à tout ce qu'on me disait et j'étais heureux ! Malheur, oui, malheur, si vous ne vous cramponnez pas de toutes vos forces à ce qui vous semble vrai aujourd'hui, à ce qui vous semblera vrai demain, même si c'est le contraire de ce qui hier vous sembla vrai ! Malheur si vous allez comme moi, jusqu'au fond de cette chose terrible qui, elle, rend fou : se trouver à côté d'un autre être, regarder ses yeux, – comme un jour j'ai regardé certains yeux, – et se sentir pareil à un mendiant devant une porte qui jamais ne s'ouvrira pour le laisser passer. Celui qui entrera, ce ne sera jamais vous, avec l'univers que vous portez en vous, tel que vous le voyez et le touchez. Ce sera quelqu'un d'inconnu de vous, conforme à celui que cet autre être, dans son univers impénétrable, croit voir et toucher en vous. *(Longue pause. L'ombre commence à s'épaissir dans la salle, accroissant l'impression d'effroi et de consternation dont ces quatre hommes déguisés sont envahis, et qui les éloignent toujours davantage de ce grand homme masqué, qui demeure plongé dans la contemplation de l'effroyable misère qui n'est pas seulement la sienne propre, mais celle de tous les hommes. Il se secoue, cherche du regard les quatre hommes qu'il n'a plus l'impression d'avoir autour de lui, et dit.)* La nuit s'est faite ici.

ORDULF, *aussitôt s'avançant.* – Faut-il aller chercher la lampe ?

HENRI IV. – La lampe, ah ! oui !... Vous croyez donc que j'ignore qu'à peine le dos tourné avec ma lampe à huile, pour aller me coucher, vous allumiez pour vous la lumière électrique, ici, et dans la salle du trône ? – Je faisais semblant de ne pas m'en apercevoir...

ORDULF. – Ah ! – Voulez-vous alors que...

HENRI IV. – Non, elle m'aveuglerait. – Je veux ma lampe.

ORDULF. – Elle doit être préparée déjà derrière la porte.

Il va à la porte du fond, l'ouvre, fait un pas au dehors et revient aussitôt avec une lampe ancienne, de celles qu'on porte par un anneau.

HENRI IV. – Très bien, un peu de lumière. Asseyez-vous, tout autour de la table. Mais non, pas comme cela ! Prenez de belles attitudes... Pleines d'aisance... *(À Berthold.)* Toi, comme ceci... *(Il lui donne une attitude, puis à Landolf)* Toi, comme cela... *(Il lui donne une attitude.)* C'est parfait... *(Il s'assied en face d'eux.)* Moi, ici... *(Tournant la tête vers la fenêtre.)* Il faudrait pouvoir commander à la lune un beau rayon, bien décoratif... Ah ! Comme elle nous sert, la lune, comme elle nous est utile, comme elle m'est chère ! Souvent je passe des heures à la regarder de ma fenêtre. Qui pourrait croire, à la contempler, qu'elle sait que huit cents ans se sont écoulés, et qu'assis à ma fenêtre, je ne puis vraiment être Henri IV en train de regarder la lune comme le premier venu ! Je la regarde : c'est pour échapper à cette impression de désert qui est partout ici, où la folie a habité, où divaguer est la chose spontanée, la chose habituelle et sérieuse – qui a le droit, un droit parfaitement logique à l'existence – comme n'importe quelle autre réalité, dont la vanité trompeuse ne s'est pas encore dévoilée. Mais regardez, regardez donc ce magnifique tableau nocturne : l'Empereur entouré de ses fidèles conseillers... Ne vous plaît-il pas, ce tableau ?

LANDOLF, *bas à Ariald, comme pour éviter de rompre l'enchantement.* – Tu comprends ? Si on avait su que ce n'était pas vrai...

HENRI IV. – Vrai, quoi donc ?

LANDOLF, *hésitant comme pour s'excuser.* – C'est simplement que... ce matin... je lui disais *(il montre Berthold,)* comme il prenait pour la première fois le service : quel dommage qu'avec ces vêtements, qu'avec une garde-robe aussi belle... et avec une salle pareille...

Il montre la salle du trône.

HENRI IV. – Eh bien ? Tu disais qu'il était dommage que ?...

LANDOLF. – Je disais que nous ne savions pas...

HENRI IV. – Que vous représentiez pour rien, pour rire, toute cette comédie ?

LANDOLF. – Oui, nous imaginions que...

ARIALD, *pour lui venir en aide.* – Oui... nous imaginions que c'était pour de bon...

HENRI IV. – Comment ? N'est-ce pas pour de bon ?

LANDOLF. – Eh ! Puisque vous dites que ?...

HENRI IV. – Je dis que vous êtes des imbéciles ! Cette illusion, vous deviez l'entretenir pour *vous-mêmes,* et non pas seulement pour m'en donner la comédie à moi et aux quelques visiteurs que nous avions ; vous auriez dû la vivre de la façon la plus naturelle, tous les jours, même quand personne n'était là. *(Prenant Berthold par le bras.)* Comprends-tu, la vivre pour toi. Tu pouvais t'enclore dans cette fiction, y manger, y dormir et t'y gratter le dos quand il te démangeait ! *(Se tournant vers les autres.)* Vous auriez dû vous sentir vivre, vivre vraiment, dans l'histoire du XIe siècle, à la cour de votre Empereur Henri IV ! *(Il saisit Ordulf par le bras.)* Toi, Ordulf, un Ordulf vivant dans le château de Goslar ! Quand, le matin, tu t'éveillais et sautais de ton lit, ce n'était pas pour sortir de ton rêve, c'était pour y entrer, en revêtant ces braies et ces tuniques. Oui, pour entrer dans ce rêve qui n'aurait plus été un rêve, car tu l'aurais vécu, tu l'aurais constamment senti, tu l'aurais bu avec l'air que tu respirais, mais, tout en sachant bien que c'était un rêve, afin de mieux savourer le bonheur privilégié qui vous était donné de ne rien faire d'autre ici que de vivre ce rêve, si loin de nous et cependant présent ! Ah ! Du fond du passé lointain où nous sommes, de ce XIe siècle, si plein de couleurs et pourtant sépulcral, contempler huit cents ans plus tard les hommes du XXe siècle en train de se débattre dans l'inquiétude et le tourment pour savoir ce qui va advenir d'eux, comment se dénoueront les événements qui les agitent et les angoissent. Tandis que vous, au contraire, vous étiez déjà bien tranquilles, dans l'histoire ! avec moi !

LANDOLF. – Ah ! comme c'est vrai !

HENRI IV. – Dans l'histoire où tout est décidé ! Où tout est fixé !

ORDULF. – Voilà, voilà !

HENRI IV. – Ah ! Ma vie peut être lamentable ; elle peut être traversée d'horreurs, de luttes, de douleurs ; c'est déjà de l'histoire ; rien n'y change plus, rien n'y peut plus changer. Comprenez-vous ? Tout y est fixé pour toujours. Et vous pouviez vous étaler dans cette vie en admirant comme les effets suivent leurs causes, avec obéissance, en parfaite logique et en contemplant le déroulement précis et cohérent de tous les faits dans leurs moindres détails. La joie de l'histoire, cette joie qui est si grande !

LANDOLF. – Ah ! Que c'est beau ! Que c'est beau !

HENRI IV. – C'était beau, mais c'est fini ! À présent que vous connaissez mon secret, je ne pourrai plus continuer ! *(Il prend la lampe pour aller se coucher.)* Et, d'ailleurs, vous non plus, puisque vous n'en aviez pas démêlé jusqu'ici les raisons ! Moi, j'en ai à présent la nausée ! *(Avec une violente rage contenue.)* Par le Ciel ! Elle se repentira d'être venue ici ! Elle s'était déguisée en belle-mère... et lui en moine... et ils amenaient avec eux un médecin pour me faire examiner... Ils espéraient peut-être me guérir... Quels bouffons ! Je veux me donner le plaisir d'en gifler au moins un : Lui ! C'est un escrimeur fameux ? Il m'embrochera... Nous verrons bien, nous verrons bien... *(On frappe à la porte du fond.)* Qui va là ?

LA VOIX DE GIOVANNI. – Deo Gratias !

ARIALD, *riant à l'idée d'une bonne farce qu'on pourrait encore faire.* – C'est Giovanni, c'est Giovanni, qui vient, comme tous les soirs, faire le moine !

ORDULF, *de même, se frottant les mains.* – Oui, oui, laissons faire !

HENRI IV. – Pourquoi te moquer d'un pauvre vieux qui agit par affection pour moi ?

LANDOLF, *à Ordulf.* – Tout doit être comme si c'était vrai ! N'as-tu pas compris ?

HENRI IV. – Précisément ! Comme si c'était vrai ! C'est à cette seule condition que la vérité n'est pas une plaisanterie ! *(Il va ouvrir la porte lui-même et fait entrer Giovanni, habillé en franciscain, avec un rouleau de parchemin sous le bras.)* Entrez, entrez, mon Père ! *(Prenant un ton de gravité tragique et de sombre ressentiment.)* Tous les documents de ma vie et de mon règne qui m'étaient favorables ont été détruits, de propos délibéré, par mes ennemis : Seul a échappé à la destruction le récit de ma vie écrit par un pauvre frère qui m'est dévoué, et vous voudriez en rire ? *(Il se tourne affectueusement vers Giovanni et l'invite à prendre place devant la table.)* Asseyez-vous, mon Père, asseyez-vous, la lampe près de vous. *(Il pose à côté de lui la lampe qu'il tenait encore à la main.)* Écrivez, écrivez.

GIOVANNI, *étalant le rouleau de parchemin et se disposant à écrire sous la dictée.* – Je suis à vos ordres, Majesté !

HENRI IV, *dictant.* – Le décret de paix lancé de Mayence servait les pauvres et les bonnes gens. Il nuisait aux méchants et aux riches. *(Le rideau commence à baisser.)* Il apportait aux premiers le bien-être, la famine et la misère aux autres...

Rideau.

ACTE TROISIÈME

La salle du trône, plongée dans l'obscurité. Dans l'ombre on distingue à peine le mur du fond. Les deux portraits ont été enlevés et dans les niches qui étaient derrière, ont pris place, dans l'attitude précise des deux portraits, Frida, déguisée en Marquise de Toscane, comme on l'a vue au second acte, et Carlo di Nolli, déguisé en Henri IV.

Au lever du rideau, la scène reste vide un court instant. La porte à gauche s'ouvre et Henri IV, portant la lampe par l'anneau pénètre dans la salle. Il se retourne pour parler aux quatre jeunes gens, qu'on suppose dans la salle à côté, avec Giovanni, comme à la fin du second acte.

HENRI IV. – Non : restez, restez ; je me déshabillerai seul. Bonne nuit.

Il referme la porte et se dirige, plein de tristesse et de lassitude, vers la seconde porte à droite, qui conduit dans ses appartements.

FRIDA, *quand il a dépassé le trône, murmure, du haut de sa niche, d'une voix éteinte par la peur.* – Henri...

HENRI IV, *s'arrêtant à cette voix, comme s'il avait reçu par traîtrise un coup de couteau dans le dos, se tourne avec épouvante vers le mur du fond et fait le geste instinctif de se protéger le visage avec son bras.* – Qui m'appelle ?

Ce n'est pas une question, c'est une exclamation qui jaillit dans un frisson de terreur et n'attend aucune réponse de l'obscurité et du silence terrible de la salle, qui vient brusquement de s'emplir pour lui de la terreur d'être vraiment fou.

FRIDA, *devant ce geste, s'épouvante, non moins terrifiée de la comédie qu'elle a consenti à jouer, puis répète un peu plus fort.* – Henri...

Elle penche un peu la tête hors de sa niche, vers l'autre niche, tout en essayant de continuer à jouer le rôle qu'on lui a confié.

Henri IV pousse un hurlement, laisse tomber la lampe, entoure sa tête de ses bras et veut s'enfuir.

FRIDA, *sautant de sa niche sur le soubassement et criant comme si elle était devenue folle.* – Henri... Henri... J'ai peur... J'ai peur...

Di Nolli saute à son tour sur le soubassement, de là à terre, et court vers Frida, qui continue à crier nerveusement et qui est sur le point de s'évanouir. À ce moment entrent, par la porte à gauche et par la première porte à droite, le docteur, donna Mathilde habillée elle aussi en marquise de Toscane, Tito Belcredi, Landolf, Berthold, Giovanni. L'un de ces derniers donne la lumière dans la salle, une lumière étrange, provenant de petites lampes cachées dans le plafond, de manière à ce que le haut de la scène seul soit vivement éclairé. Sans se préoccuper de Henri IV, qui continue à regarder, stupéfait de cette irruption inattendue, après la minute de terreur dont toute sa personne frémit encore, tous les autres accourent pour soutenir et réconforter Frida toute tremblante, qui gémit et se débat dans les bras de son fiancé. Ils parlent tous ensemble.

DI NOLLI. – Non, non, Frida... Je suis là... Je suis auprès de toi !

LE DOCTEUR. – Arrêtez ! L'expérience est inutile...

DONNA MATHILDE. – Il est guéri, Frida ! Tu vois ! Il est guéri !

DI NOLLI, *stupéfait.* – Guéri ?

BELCREDI. – C'était pour rire ! Calme-toi !

FRIDA. – Non ! J'ai peur ! j'ai peur !

DONNA MATHILDE. – Mais de quoi ? Regarde-le ! Ce n'était pas vrai ! Ce n'était pas vrai !

DI NOLLI. – Ce n'était pas vrai ? Que dites-vous ? Il serait guéri ?

LE DOCTEUR. – Il paraît !... Quant à moi...

BELCREDI, *montrant les quatre jeunes gens.* – Mais oui ! Ils viennent de nous le dire !

DONNA MATHILDE. – Oui, il est guéri depuis longtemps ! Il le leur a avoué !

Di Nolli, *maintenant plus indigné qu'étonné.* – Mais ! Comment cela, puisque, jusqu'à tout à l'heure...

BELCREDI. – Il donnait la comédie pour se moquer de toi et de nous aussi qui, en toute bonne foi...

Di Nolli. – Est-ce possible ? Il se serait moqué de sa sœur jusqu'à sa mort ?

HENRI IV, *qui est resté à guetter le visage des uns et des autres, crispé sous les accusations, la réprobation pour ce que tous jugent une farce cruelle, désormais percée à jour. Ses yeux traversés d'éclairs témoignent qu'il médite une vengeance, que la colère qui s'agite en lui ne lui laisse pas démêler encore avec précision. À ces dernières paroles, blessé, il se redresse avec l'idée claire de tenir pour vraie la fiction qu'on avait insidieusement préparée pour lui, et il crie à son neveu.* – Continue ! Continue !

Di NOLLI, *interdit.* – Continuer, quoi donc ?

HENRI IV. – Ce n'est pas seulement « ta » sœur qui est morte !

Di Nolli. – Ma sœur ? Je parle de la tienne, que tu as obligée jusqu'à la fin à se présenter là, devant toi, comme si elle était ta mère, Agnès !

HENRI IV. – N'était-ce pas « ta » mère ?

Di NOLLI. – Mais oui, c'était ma mère, précisément, ma mère !

HENRI IV. – Mais elle est morte pour moi « vieux et lointain », ta mère ! Toi, tu viens de descendre frais comme une rose de là ! *(Il montre la niche d'où Di Nolli a sauté.)* Et qu'en sais-tu si je ne l'ai pas pleurée longtemps, longtemps, en secret, malgré cet habit ?

DONNA MATHILDE, *consternée, regardant les autres.* – Que dit-il ?

LE DOCTEUR, *très impressionné, l'observant.* – Doucement, doucement, je vous en supplie !

HENRI IV. – Ce que je dis ? Quand je demande à tous si Agnès n'était pas la mère d'Henri IV ? *(Il se tourne vers Frida, comme si elle était véritablement la marquise de Toscane.)* Vous, marquise, vous devriez le savoir, il me semble !

FRIDA, *encore épouvantée, se pressant davantage contre di Nolli.* – Non, moi non ! non !

LE DOCTEUR. – Le délire le reprend... Doucement, je vous en prie !

BELCREDI, *indigné.* – Mais non, docteur ! Ce n'est pas le délire ! Il recommence à jouer la comédie !

HENRI IV, *reprenant.* – Moi. Vous avez vidé ces deux niches-là ; lui se présente devant moi en Henri IV.

BELCREDI. – Mais finissons-en avec cette plaisanterie !

HENRI IV. – Qui parle de plaisanterie ?

LE DOCTEUR, *à Belcredi, avec force.* – Ne le provoquez pas, pour l'amour de Dieu !

BELCREDI, *sans prêter d'attention aux paroles du docteur, plus fort, montrant les quatre jeunes gens.* – Ce sont eux qui l'ont dit ! Eux ! Eux !

HENRI IV, *se tournant vers eux.* – Vous avez parlé de plaisanterie ?

LANDOLF, *timide, embarrassé.* – Non... nous avons dit que vous étiez guéri !

BELCREDI. – Allons, cela suffit ! *(À donna Mathilde.)* Ne vous semble-t-il pas que ce spectacle *(il montre di Nolli)* marquise, et votre déguisement, deviennent d'une puérilité insupportable ?

DONNA MATHILDE. – Mais taisez-vous donc ! Qu'importent ces habits, s'il est vraiment guéri ?

HENRI IV. – Guéri, oui ! Je suis guéri ! *(À Belcredi.)* Mais ce n'est pas pour en finir tout de suite, comme tu le crois ! *(Il se jette sur lui.)* Sais-tu bien que, depuis vingt ans, personne n'a jamais osé paraître devant moi comme toi et ce monsieur ?

Il montre le docteur.

BELCREDI. – Mais oui, je le sais ! Et ce matin, j'étais venu déguisé...

HENRI IV. – En moine, oui !

BELCREDI. – Et tu m'as pris pour Pierre Damien ! Et je n'ai pas ri, précisément parce que je croyais...

HENRI IV. – Que j'étais fou ! Et tu ris maintenant en la voyant vêtue de la sorte, parce que je suis guéri ? Tu pourrais pourtant penser, qu'à mes yeux, à présent, ce costume... *(Il s'interrompt avec un éclat d'indignation.)* Ah ! *(Il se tourne vers le docteur.)* Vous êtes médecin ?

LE DOCTEUR. – Mais oui...

HENRI IV. – Et vous l'aviez habillée aussi en marquise de Toscane ? pour me préparer une contre-plaisanterie ?...

DONNA MATHILDE, *aussitôt, avec feu.* – Non, non ! Que dites-vous là ! Nous l'avons fait pour vous ! Je l'ai fait pour vous !

LE DOCTEUR. – Pour essayer, pour essayer, ne sachant plus...

HENRI IV, *l'interrompant avec netteté.* – J'ai compris. C'est pour lui que je parle de contre-plaisanterie *(il montre Belcredi),* puisqu'il croit que je plaisante...

BELCREDI. – Mais naturellement, voyons ! puisque tu nous dis toi-même que tu es guéri !

HENRI IV. – Laisse-moi parler ! *(Au docteur.)* Savez-vous, docteur, que vous avez risqué de refaire pour un moment la nuit dans mon cerveau ? Que diable, faire parler des portraits ! Les faire sortir de leurs niches...

LE DOCTEUR. – Mais nous sommes accourus tout de suite, vous avez vu, dès que nous avons su...

HENRI IV. – Oui... *(Il contemple Frida et di Nolli, puis la marquise, et enfin regarde son propre habit.)* L'idée était très belle... Deux couples... Très bien, très bien, docteur : pour un fou... *(Il fait un léger signe de la main, dans la direction de Belcredi.)* Il trouve à présent que c'est une mascarade hors de saison ? *(Il le regarde.)* Je n'ai plus qu'à enlever mon déguisement et à m'en aller d'ici avec toi, n'est-ce pas ?

BELCREDI. – Avec moi ! Avec nous tous !

HENRI IV. – Et pour aller où ? Au cercle, en frac et en cravate blanche ? Ou chez la marquise, en ta compagnie ?

BELCREDI. – Mais pour aller où tu voudras ! Tu préfére-rais donc rester encore ici, à perpétuer dans la solitude ce qui fut la malheureuse plaisanterie d'un jour de carnaval ? Il est vraiment incroyable, incroyable que tu aies fait cela, après ta guérison.

HENRI IV. – Eh ! mais c'est qu'après ma chute de cheval, sur la tête, je suis vraiment resté fou pendant je ne sais combien de temps...

LE DOCTEUR. – Ah ! c'est cela ! c'est cela ! Et pendant longtemps ?

HENRI IV, *rapidement, au docteur.* – Oui, docteur, long-temps. Douze ans environ, si je calcule bien. *(Il se retourne et s'adresse à nouveau à Belcredi.)* Et ne plus rien voir, mon cher, de tout ce qui était arrivé depuis ce jour de carnaval ; de tout ce qui a eu lieu pour vous, mais non pour moi ; n'avoir pas vu les choses changer, mes amis me trahir, ma place prise par d'autres... par exemple... que sais-je ! supposons dans le cœur de la femme aimée ; n'avoir plus su qui mourait, qui disparais-sait... tout cela, ça n'a pas été une plaisanterie pour moi, comme tu l'imagines !

BELCREDI. – Mais non, je ne dis pas cela ! Je parlais d'après ta guérison !...

HENRI IV. – Ah oui ! Après ? Un beau jour... *(Il s'arrête et se tourne vers le docteur.)* Un cas très intéressant, docteur ! étudiez-moi, étudiez-moi bien ! *(Il frémit en parlant.)* Un jour, Dieu sait comment, mon mal... *(Il se touche le front.)* Oui... gué-rit. Je rouvre les yeux peu à peu, et tout d'abord je ne sais pas si je dors ou si je veille ; mais oui, je suis éveillé ; je touche vrai-ment cette chose, cette autre ; je recommence à voir claire-ment... Ah ! – comme il le dit – *(il montre Belcredi)* quitter alors, quitter ce masque, ce vêtement, s'évader de ce cauchemar ! Ouvrons les fenêtres : respirons la vie ! Sortons, sortons ! Courons ! *(Sa fougue tombe d'un coup.)* Mais où ? Pour faire quoi ? Pour que tout le monde me montre du doigt, par derrière, m'appelle Henri IV, et non pas comme on le faisait ici, mais dans la vie, bras dessus, bras dessous, avec toi, parmi les bons amis d'autrefois ?

BELCREDI. – Mais non ! Que dis-tu ? Pourquoi ?

DONNA MATHILDE. – Mais pas le moins du monde. Qui en aurait eu le courage ? Ç'avait été un si grand malheur !

HENRI IV. – Mais non, tout le monde me trouvait déjà fou auparavant ! *(À Belcredi.)* Et tu le sais bien, toi qui t'acharnais plus que les autres contre moi, quand on essayait de me défendre !

BELCREDI. – Mais c'était pour rire !

HENRI IV. – Regarde mes cheveux !

Il lui montre ses cheveux gris sur la nuque.

BELCREDI. – Mais les miens sont gris aussi !

HENRI IV. – Oui, mais avec cette différence que les miens ont grisonné ici, comprends-tu ? Ce sont les cheveux d'Henri IV ! Et je ne m'en étais pas aperçu ! Je m'en suis aperçu un beau jour, quand j'ai rouvert les yeux, j'en suis resté épouvanté ! J'ai compris tout de suite que ce n'était pas mes cheveux seulement, mais que tout devait être devenu gris, que tout avait croulé, que tout était fini, et que je serais arrivé avec une faim de loup à un banquet déjà desservi.

BELCREDI. – Naturellement, les autres...

HENRI IV, *promptement.* – Je le sais bien, les autres ne pouvaient attendre ma guérison, surtout ceux qui, derrière moi, avaient éperonné jusqu'au sang le cheval que je montais...

Di NOLLI, *impressionné.* – Comment, comment ?

HENRI IV. – Oui, traîtreusement, pour le faire ruer et me faire tomber !

DONNA MATHILDE, *avec horreur.* – Mais j'ignorais cela ! Je l'apprends maintenant !

HENRI IV. – Sans doute était-ce aussi pour rire !

DONNA MATHILDE. – Mais qui a fait cela ? Qui était derrière notre couple ?

HENRI IV. – Peu importe ! Derrière nous, il y avait tous ceux qui ont continué à banqueter et qui ne m'auraient donné que des restes, marquise, les restes d'une compassion maigre ou molle, les restes de leur assiette sale, avec quelques arêtes de remords attachées au fond. Merci ! *(Se tournant brusquement vers le docteur.)* Et alors, docteur, voyez si le fait n'est pas vraiment nouveau dans les annales de la folie ! – j'ai préféré rester fou ! – Je trouvais ici tout préparé, tout disposé pour ce délice d'un nouveau genre, le délice de vivre ma folie, – avec la conscience la plus lucide – et de me venger ainsi de la brutalité d'un caillou qui m'avait dérangé le cerveau ! Ma solitude – la pauvreté et le vide de la solitude – qui m'apparut quand je rouvris les yeux – j'ai voulu la revêtir tout de suite de toutes les couleurs, de toutes les splendeurs de ce jour d'un carnaval passé avec vous. *(Il regarde donna Mathilde et puis montre Frida.)* Vous, là, marquise, et où vous avez triomphé ! – Obliger tous ceux qui se présentaient à moi à continuer du même pas que moi, à suivre cette fameuse mascarade qui fut pour vous, – non pas pour moi – une plaisanterie d'un jour ! Faire qu'elle devînt à jamais, non pas une plaisanterie, mais une réalité, la réalité d'une folie véritable : tout n'était que masques ici, et la salle du trône et mes quatre conseillers secrets, qui, bien entendu, m'ont trahi ! *(Il se tourne vers eux.)* Je voudrais bien savoir ce que vous avez gagné à révéler que j'étais guéri. – Si je suis guéri ! On ne va plus avoir besoin de vos services et vous serez congédiés ! – Faire une confidence à quelqu'un... voilà qui est vraiment fou ! – Ah, mais à mon tour de vous accuser ! – Vous ne savez pas ?

– Ils croyaient pouvoir continuer cette plaisanterie avec moi, à vos dépens !

Il éclate de rire ; les autres, sauf donna Mathilde, rient aussi, mais d'un rire gêné.

BELCREDI, *à Di Nolli.* – Tu entends... ce n'est pas mal...

Di NOLLI, *aux quatre jeunes gens.* – Vous ?

HENRI IV. – Il faut le leur pardonner ! Cet habit *(il montre l'habit dont il est revêtu)*, cet habit qui pour moi est la caricature évidente et consciente de cette autre mascarade continuelle dont nous sommes, à toutes les minutes, les pantins involontaires *(il montre Belcredi)* quand, sans le savoir, nous nous déguisons en ce que nous imaginons être, – cet habit, leur habit, excusez-les, ils ne le confondent pas encore avec leur personne même. *(Il se tourne de nouveau vers Belcredi.)* Tu sais, on en prend facilement l'habitude, et on parcourt une salle de ce genre avec un naturel parfait, comme un héros de tragédie. *(Il traverse la salle.)* Regardez, docteur ! – Je me rappelle un prêtre – il était certainement irlandais – admirablement beau. Il dormait au soleil, un jour de novembre, les bras appuyés au dossier d'un banc, dans un jardin public : plongé dans les délices dorées de cette tiédeur qui, pour lui, homme du Nord, devait paraître presque estivale. On pouvait être sûr qu'à cet instant, il ne se savait plus prêtre, il ne savait plus où il était. Il rêvait ! À quoi rêvait-il ? Qui le sait ? – Un gamin passe ; il avait arraché une fleur avec toute sa tige. En passant, il chatouilla le cou de ce prêtre endormi. – Je vis cet homme ouvrir des yeux rieurs et toute sa bouche s'épanouissait du rire heureux de son rêve : il avait tout oublié. Mais je puis vous assurer qu'en un clin d'œil, il reprit la raideur exigée par sa robe ecclésiastique, et que ses yeux retrouvèrent la gravité que vous avez déjà vue dans les miens ; c'est que les prêtres irlandais défendent le sérieux de leur foi catholique avec le même zèle que j'apporte à défendre les droits sacro-saints de la monarchie héréditaire. – Je suis guéri, messieurs, parce que je sais parfaitement que je fais le fou dans ce château, et je le fais pourtant, dans un calme complet ! – Le malheur, pour vous, c'est que comme le prêtre irlandais vous vivez notre folie dans l'agitation et l'inquiétude, sans la connaître, sans même la voir.

BELCREDI. – Nous allons conclure que nous sommes fous... c'est nous, maintenant, qui sommes les fous !

HENRI IV, *éclatant, mais cherchant à se contenir.* – Mais si vous n'aviez pas été fous, toi et elle aussi *(il montre la marquise)* seriez-vous venus chez moi ?

BELCREDI. – À te dire le vrai, j'y suis venu en croyant que le fou c'était toi.

HENRI IV, *promptement, avec force, montrant la marquise.* – Et elle ?

BELCREDI. – Ah ! elle, je ne sais pas... Elle a l'air pétrifié par tout ce que tu dis... ensorcelé par ta folie « consciente » ! *(Il se tourne vers elle.)* Habillée comme vous l'êtes, marquise, vous pourriez demeurer ici pour la vivre, cette folie...

DONNA MATHILDE. – Vous êtes un insolent !

HENRI IV, *conciliant.* – Non, marquise, il dit que le prodige – ce qui est à ses yeux est un prodige – serait accompli, si vous restiez ici, – en marquise de Toscane. Et vous savez bien que vous ne pourriez être mon amie, que vous pourriez tout au plus m'accorder, comme à Canossa, un peu de pitié...

BELCREDI. – Un peu, tu peux dire beaucoup ! Elle l'a avoué.

HENRI IV, *à la marquise, continuant.* – Et même, admettons-le, un peu de remords...

BELCREDI. – Du remords aussi ! Elle l'a avoué également.

DONNA MATHILDE, *éclatant.* – Ne vous tairez-vous pas !

HENRI IV, *l'apaisant.* – Ne faites pas attention à ce qu'il dit ! N'y faites pas attention ! Il continue ses provocations. Et pourtant le docteur l'a averti de ne pas me provoquer. *(Se tournant vers Belcredi.)* Mais pourquoi veux-tu que je sois encore troublé par ce qui est advenu entre nous ; par le rôle que tu as joué dans mes malheurs avec elle ? *(Il montre la marquise, se tourne vers elle, lui montrant Belcredi.)* Par le rôle qu'il joue dans votre vie ! Ma vie est ici ! Ce n'est pas la vôtre ! – Votre vie qui vous a conduite à la vieillesse, moi je ne l'ai pas vécue ! – *(À donna Mathilde.)* C'était cela que vous vouliez me dire, me démontrer par votre sacrifice, en vous habillant comme vous l'avez fait, sur le conseil du docteur ? Oh, c'était très bien conçu, je vous l'ai déjà dit, docteur : – « Ceux que nous étions alors, et ceux que nous sommes aujourd'hui. » Mais je ne suis pas un fou selon les règles, docteur ! Je sais bien que celui-ci *(il montre di Nolli)* ne peut pas être moi, puisque je suis moi-même Henri IV depuis vingt ans, ici, comprenez-vous ? Immobile sous ce masque éternel ! Ces vingt ans *(il montre la marquise)* elle les a vécus ; elle en a joui pour devenir – regardez-la – méconnaissable à mes yeux : je ne puis plus la reconnaître, car je la vois toujours ainsi *(il montre Frida et s'approche d'elle.)* – Pour moi, elle est toujours ainsi... Vous me faites l'effet d'enfants que je pourrais épouvanter. *(À Frida.)* Et toi, tu t'es vraiment épouvantée, mon enfant, de cette plaisanterie qu'on t'avait persuadée de faire, sans comprendre que, pour moi, elle ne pouvait pas être la plaisanterie qu'ils croyaient, mais ce terrible prodige : mon rêve qui vit en toi plus que jamais ! Tu étais une image pendue au mur ; ils ont fait de toi un être vivant – tu es à moi ! tu es à moi ! à moi de droit ! *(Il la saisit dans ses bras en riant comme un fou ; tous crient affolés, mais quand ils accourent pour arracher Frida de ses bras, il devient terrible et crie aux quatre jeunes gens :)* Retenez-les ! Retenez-les ! Je vous ordonne de les retenir !

Les quatre jeunes gens, étourdis, comme sous l'effet d'un sortilège, essaient, avec des gestes mécaniques, de retenir di Nolli, le docteur et Belcredi.

BELCREDI, *se libérant et se précipitant sur Henri IV.* – Laisse-la ! laisse-la ! Tu n'es pas fou !

HENRI IV, *d'un geste d'une rapidité foudroyante, tirant l'épée de Landolf, qui est à côté de lui.* – Je ne suis pas fou ? Voilà pour toi !

Il le blesse au ventre. Hurlements de douleur. On accourt pour soutenir Belcredi. Cris confus.

DI NOLLI. – Tu es blessé ?

BERTHOLD. – Il est blessé ! Il est blessé !

LE DOCTEUR. – Je vous avais prévenus !

FRIDA. – Oh ! mon Dieu !

DI NOLLI. – Frida, viens ici !

DONNA MATHILDE. – Il est fou ! Il est fou !

DI NOLLI. – Tenez-le bien !

BELCREDI, *pendant qu'on le transporte dans la pièce à côté, par la porte de gauche, proteste farouchement.* – Non, tu n'es pas fou ! Il n'est pas fou ! Il n'est pas fou !

Sortie générale par la porte à gauche. Cris confus qui se prolongent dans la pièce à côté. Tout à coup, un cri plus aigu de donna Mathilde domine le tumulte, suivi d'un silence.

HENRI IV, *qui est resté sur la scène, entre Landolf, Ariald et Ordulf, les yeux fixes, accablé par la vie qui est née de sa fiction et qui, en un instant, l'a poussé au crime.*

– Maintenant oui... par forme... *(Il les rassemble autour de lui, comme pour être protégé.)* Tous venez près de moi, nous allons demeurer ici ensemble, ensemble ici, et pour toujours...

Rideau.